EMOCIONALMENTE

APRENDA A SE RELACIONAR COM AS SUAS EMOÇÕES E EQUILIBRE A SUA VIDA

Editora Appris Ltda.
1.ª Edição - Copyright© 2023 do autor
Direitos de Edição Reservados à Editora Appris Ltda.

Nenhuma parte desta obra poderá ser utilizada indevidamente, sem estar de acordo com a Lei nº 9.610/98. Se incorreções forem encontradas, serão de exclusiva responsabilidade de seus organizadores. Foi realizado o Depósito Legal na Fundação Biblioteca Nacional, de acordo com as Leis nos 10.994, de 14/12/2004, e 12.192, de 14/01/2010.

Catalogação na Fonte
Elaborado por: Josefina A. S. Guedes
Bibliotecária CRB 9/870

	Bissaco, Manoel Augusto
B623e	Emocionalmente: aprenda a se relacionar com as suas emoções e
2023	equilibre a sua vida / Manoel Augusto Bissaco. - 1. ed. – Curitiba: Appris, 2023.
	180 p. ; 23 cm.
	ISBN 978-65-250-4014-1
	1. Emoções. 2. Relacionamento. I. Título.
	CDD – 152.4

Editora e Livraria Appris Ltda.
Av. Manoel Ribas, 2265 – Mercês
Curitiba/PR – CEP: 80810-002
Tel. (41) 3156 - 4731
www.editoraappris.com.br

Printed in Brazil
Impresso no Brasil

MANOEL AUGUSTO BISSACO

EMOCIONALMENTE
APRENDA A SE RELACIONAR COM AS SUAS EMOÇÕES E EQUILIBRE A SUA VIDA

FICHA TÉCNICA

EDITORIAL
Augusto Vidal de Andrade Coelho
Sara C. de Andrade Coelho

COMITÊ EDITORIAL
Marli Caetano
Andréa Barbosa Gouveia (UFPR)
Jacques de Lima Ferreira (UP)
Marilda Aparecida Behrens (PUCPR)
Ana El Achkar (UNIVERSO/RJ)
Conrado Moreira Mendes (PUC-MG)
Eliete Correia dos Santos (UEPB)
Fabiano Santos (UERJ/IESP)
Francinete Fernandes de Sousa (UEPB)
Francisco Carlos Duarte (PUCPR)
Francisco de Assis (Fiam-Faam, SP, Brasil)
Juliana Reichert Assunção Tonelli (UEL)
Maria Aparecida Barbosa (USP)
Maria Helena Zamora (PUC-Rio)
Maria Margarida de Andrade (Umack)
Roque Ismael da Costa Güllich (UFFS)
Toni Reis (UFPR)
Valdomiro de Oliveira (UFPR)
Valério Brusamolin (IFPR)

SUPERVISOR DA PRODUÇÃO
Renata Cristina Lopes Miccelli

ASSESSORIA EDITORIAL
Tarik de Almeida

REVISÃO
Bruna Fernanda Martins

PRODUÇÃO EDITORIAL
William Rodrigues

DIAGRAMAÇÃO
Lila Cruz

CAPA
Guilherme Carvalho Monteiro Soares

Este livro foi inspirado por minha irmã gêmea, Luana, e sua partida tão precoce de minha vida, e é dedicado ao meu querido pai, Moacyr, que testemunhou o início deste projeto, mas infelizmente a vida não permitiu que estivesse em sua conclusão. Era um desejo muito grande de meu coração que eles pudessem testemunhar o momento em que este sonho se tornou realidade. Dedico também à minha querida mãe, Ilda, que me ensinou sobre o cuidar com tanto carinho das coisas que amo e valem a pena nesta vida.

Agradecimentos

Agradeço ao apoio de meus pais, que sempre me incentivaram e apoiaram na busca de tornar meus sonhos realidade; a Emanuela Ribeiro, minha assistente, que me ajudou e apoiou em todos os passos da construção deste livro; e a todos meus clientes que confiaram em mim e me deixaram ser uma testemunha próxima de histórias tão profundas, tocantes e cheias de aprendizados que existiam dentro de cada um, que me ensinaram e continuam me ensinando tanto sobre ser humano. Também a todos meus mestres e professores, que compartilharam seus conhecimentos com tanto carinho e responsabilidade.

Prefácio

Conheci o Manoel em nossos cursos de formação em Hipnose e Trauma Pré e Perinatal.

Sempre me chamou a atenção como ele vivenciava suas experiências internas, entrando profundamente nelas e se permitindo sentir intensamente as emoções presentes, deixando seu corpo registrar e expressar o que estava acontecendo naquele momento.

Eu imagino que a única forma de aprender a andar num cavalo e estar com o melhor dele seja estabelecendo uma relação constante de entrega à experiência do cavalgar, com suas diversas nuances, desde o trotar tranquilo até o galopar descontrolado.

Talvez esse seja o único caminho de se tornar íntimo e aprender a estar no controle de si mesmo. E, quando aprendemos isso, algo na nossa alma nos convida a passar adiante, multiplicando possibilidades de uma vida mais plena.

Manoel Augusto Bissaco assumiu um compromisso interno de ajudar àqueles que lhe chegam a aprender como reconhecer, compreender e fazer companhia para sua emoção, exatamente aquela que lhe domina no dia a dia, mesmo quando você se empenha em se livrar dela.

Mas, para se dominar o mar, é preciso sair de dentro dele, olhar por fora, de diversas perspectivas, percebendo sua extensão, seu comportamento, suas variações... é preciso também estar nele, sentindo sua vibração, seu movimento, desvendando seus mistérios...

Como diz o escritor Jeff Foster, "deixe a energia desta emoção mover-se no seu corpo... Respire na direção do desconforto... Você não encontrará negatividade, apenas uma parte preciosa de si mesmo a desejar aceitação..."

Por meio destas páginas, Manoel nos convida com sabedoria a esse movimento, ensinando-nos que a única maneira de amenizar uma emoção é validando sua presença e mergulhando o suficiente para buscar as mensagens que elas nos comunicam.

Raiva, tristeza e medo têm uma importância fundamental em nossas vidas. Só precisamos aprender qual caminho seguir perante elas. E este livro vai ajudar você!

Eva Patrícia
Mãe, Médica Integrativa, Trainer
e Hipnoterapeuta Ericksoniana.

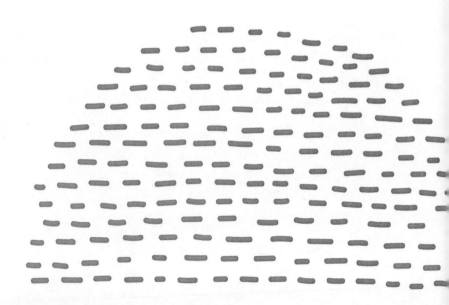

Sumário

13   introdução

19   emoções e sentimentos: entenda as diferenças

33   onde iniciam as emoções

59   precisamos falar sobre emoções, canos e regras

79   cara a cara com o medo

100   olhando bem nos olhos da raiva

122   a tristeza precisa de espaço para fluir

147   dê permissão para a alegria

163   evite as armadilhas da ignorância emocional

169   recursos emocionais

176   conclusão

177   sobre mim

INTRODUÇÃO

D urante um tempo em minha vida comecei a perceber um ponto de frustração em cada sessão de atendimento com meus clientes, notava que muitas pessoas travavam uma árdua batalha com suas emoções.

Chegou um momento em que comecei a me perguntar o quanto as pessoas poderiam fluir mais nas sessões e nos trabalhos terapêuticos em geral, irem a camadas mais profundas em suas histórias, e terem mais compreensão de si mesmas, se não fossem as regras criadas ao longo da vida, sobre as emoções. Comecei então cogitar a ideia de reunir muitos de meus clientes em um final de semana inteiro dedicado a ensiná-los sobre as emoções.

Pude perceber em minha própria história, à medida que aprendi a dar espaço às minhas emoções, o quão rica, curativa e profunda era essa experiência. A imensa sensação de paz interior, no sentido de não precisar brigar mais com as minhas emoções e, mais do que isso, aprender a ouvir cada uma delas, me trouxe muito mais segurança e confiança na vida.

Realizei o sonho de reunir essas pessoas no *workshop* Emocionalmente, e foi, de fato, uma experiência muito rica e recheada de aprendizados.

As mudanças e descobertas que vi acontecer em relação às minhas próprias emoções também começaram a acontecer com a maioria dos participantes, que começaram a experimentar a sensação de deixar de travar batalhas épicas com suas emoções.

Era como se eles fossem se libertando de correntes antigas e pesadas, e começassem a ter o privilégio de se conectar a quem realmente eram em essência, e não apenas ficar no modus operandi "O que eu tenho que mostrar para o mundo para ser aceito".

Pude também testemunhar, além da mudança de cada pessoa com as próprias emoções, a transformação também acontecer entre casais, parceiros, colegas, mudando a comunicação com o outro, a partir de um lugar de mais empatia. Vi pais transformarem o relacionamento com seus filhos, pois uma vez que eles conseguiam compreender as próprias emoções, obviamente havia mais entendimento com a sua descendência, fossem eles crianças, adolescentes ou adultos.

A partir de tudo que aconteceu no *workshop* Emocionalmente, que foi realizado com pouca teoria, porém recheado de experiências práticas, decidi escrever este livro para organizar o conceito teórico e também trazer as experiências que fossem possíveis para as páginas de um livro.

O seu maior desejo é se livrar das suas emoções negativas ou curar aquelas que considera tóxicas? Aviso de *spoiler*: então, provavelmente, as páginas a seguir não serão bem o que você imagina. Acredite, você já deve ter tentado excluir as emoções da sua vida.

Um dos motivos pelos quais você se interessou por este livro é porque isso não funcionou. Então, eu peço que confie em mim e na minha experiência como terapeuta, porque eu tenho certeza de que, em algum momento, o conteúdo que trago aqui pode fazer todo o sentido para a sua vida e ajudar você a ter uma existência mais plena e tranquila e uma nova perspectiva de futuro.

Antes de mais nada, saiba que é impossível excluir as emoções de nossas vidas. Se você deixa de escanteio qualquer emoção, em algum momento ela vai acabar afetando outras emoções. Ou, pior, vir à tona de maneiras que podem provocar danos irreversíveis. Se você vivencia o medo em toda a sua plenitude, acaba se tornando o próprio medo – e há o risco de, por conta disso, perder uma série de oportunidades, não evoluir, ficar preso num ciclo vicioso. Se você nega a raiva, você poderá ter ataques repentinos de raiva com consequências devastadoras. Ou, se não deixa a raiva surgir de um modo saudável, talvez esteja ferindo os seus limites internos saudáveis e, assim, criando uma predisposição para acumular mágoas. Em outro viés, se você luta com a tristeza o tempo todo, tentando ser forte, mais cedo ou mais tarde irá experimentar uma falta de energia na vida ou até mesmo entrar em depressão.

> "Se você vivencia o medo em em toda a sua plenitude, acaba se tornando o próprio medo"

A minha proposta é que você que está lendo este livro aprenda a se relacionar com as emoções de forma saudável, principalmente com aquelas incômodas, e pare de negociar com elas a partir de regras que foram impostas a você muito antes do seu nascimento.

Aliás, antes mesmo de se tornar um embrião. Você vai descobrir o porquê nas páginas a seguir.

Geralmente, as emoções são divididas em primárias e secundárias, conforme a classificação do psicólogo norte-americano Paul Ekman, pioneiro no estudo das expressões faciais e cujo trabalho norteou pesquisas de diversos especialistas. As primeiras são inatas, estão presentes no desenvolvimento natural de qualquer pessoa e têm como objetivo nos ajudar a sobreviver. Segundo Ekman, as emoções primárias são seis: raiva, medo, tristeza, alegria, surpresa e nojo. As secundárias, por sua vez, são adquiridas com base em nossas experiências e na interação com as outras pessoas. Alguns exemplos são a vergonha, a inveja, o ciúme e o otimismo.

Escolhi trabalhar com quatro das emoções básicas: raiva, medo, tristeza e alegria. Além de tema do meu *workshop* Emocionalmente, que tem ajudado milhares de pessoas a se relacionarem melhor com suas emoções, elas têm um grande impacto e funções específicas na nossa vida. Quando você aprende a se relacionar com elas, passa a se alinhar com a própria experiência humana e a se aproximar da sua essência, em outras palavras, a vida fica mais fácil de ser vivida.

Convido você a não só buscar aprender como as emoções funcionam e quais suas funções, mas também a acompanhar as histórias reais de clientes atendidos em trabalhos terapêuticos e que podem inspirar sua vida. E, se possível, não deixe de fazer os exercícios de aprofundamento no autoconhecimento propostos no livro. Eles são importantes para você desenvolver seus potenciais, melhorar seus relacionamentos (com os outros e consigo mesmo) e começar a encontrar o caminho para fazer as pazes com a raiva, o medo, a tristeza e até mesmo a alegria.

E aqui vai mais um *spoiler*: aprender a se relacionar com seus medos, por exemplo, não significa que você nunca mais sentirá medo na sua vida. Mas você aprenderá cada vez mais o que essa emoção está tentando dizer e contar a seu respeito cada vez que ela é despertada. Além disso, você não vai mais se paralisar diante dos desafios da vida, o mesmo é válido para as outras emoções, cada uma em suas particularidades e peculiaridades. A vida é mutável, ativa e cheia de surpresas. Você terá, sim, em mãos, caminhos e ferramentas para lidar com todo o dinamismo que envolve viver.

EMOÇÕES E SENTIMENTOS: ENTENDA AS DIFERENÇAS

Para qualquer pessoa aprender a se relacionar de modo saudável com as emoções primeiro é preciso compreender sua definição. A palavra emoção vem do latim "*exmovere*" ou "*emovere*", que significa "movimento para fora" ou "colocar em movimento". Ou seja, ela determina aquilo que nos coloca em movimento para fora e dentro de nós mesmos. E muito rápido você já pode começar a se dar conta dos prejuízos em não aprender a expressar e se relacionar com as emoções e continuar tentando jogá-las para debaixo do tapete.

É bastante comum confundir emoção com sentimento. Para esclarecer as dúvidas, gosto muito da maneira como o neurologista e neurocientista português António Rosa Damásio faz a distinção entre os dois. Emoção é uma reação mais rápida, visceral e instintiva do ser humano, enquanto os sentimentos constituem a experiência mental e mais racional daquilo que vivenciamos.

Emoção, portanto, é algo bioquímico, biológico por natureza, e tem prazo de validade. Ninguém tem, por exemplo, uma explosão de raiva que dura o dia inteiro. Há um momento de pico e depois, para felicidade geral, a intensidade vai amenizando. A emoção envolve uma série de processos bioquímicos e fisiológicos, ativando não somente mecanismos cerebrais, neurotransmissores, hormônios e neuro-hormônios, como também o Sistema Nervoso Autônomo.

Já o sentimento, na minha perspectiva, é uma forma mais refinada das emoções. Ele tem mais a ver com uma construção mental do que com um aspecto biológico, mas costuma ser impulsionado pela emoção. Você fica remoendo o sentimento o tempo todo. Por exemplo: posso ter uma explosão de raiva com um amigo e ficar chateado com ele por dias, semanas, meses, até anos.

O sentimento é uma rua sem saída e muitas vezes não tem elaboração. Embora apresente certas sensações fisiológicas, o sentimento está muito mais ligado a um sistema racional de análise. É a historinha que fica na cabeça e não passa, que pode durar décadas e até se consolidar em um padrão disfuncional dentro de você. Muitas vezes, em longo prazo, isso gera algo muito danoso, como mágoa e rancor. E, para evitar isso, nada mais assertivo do que aprender a se relacionar melhor com a emoção base que tende a provocar todos esses danos.

Instinto selvagem

Toda emoção tem um instinto mais profundo e primitivo. Em uma situação de raiva, atitudes como gritar, xingar e até atirar objetos na parede beiram o instinto, e consistem em uma forma de tentar aliviar a emoção na tentativa de validá-la e expressá-la. Quando uma pessoa perde o controle e agride fisicamente alguém temos um exemplo claro da ira, o extremo da emoção, a reação instintiva em sua essência que nos transforma em seres irracionais e perigosos, para nós mesmos e para os outros. Qualquer emoção no auge do seu instinto é completamente danosa.

Com qual emoção você quer aprender a se relacionar primeiro e por quê? Escreva aqui.

_____
_____
_____
_____
_____
_____
_____
_____
_____

O cérebro e seus mecanismos

As primeiras emoções que experimentamos na vida acontecem ainda dentro do útero, quando o cérebro sequer foi formado em sua totalidade. No capítulo 2 explico com mais profundidade como ocorre esse processo, mas essa informação é válida para esclarecer que a emoção **não acontece apenas no cérebro**, mas em todo o corpo.

Há regiões do cérebro que, evidentemente, entram em ação quando nossas emoções são despertadas. Outra parte importante é o Sistema Nervoso Autônomo (SNA), responsável por, entre outras atribuições, nossas ações automáticas ou involuntárias e as respostas de luta, fuga, congelamento e colapso. Os órgãos do corpo, as contrações reflexivas musculares e até a dilatação das nossas pupilas são comandados pelo SNA. Tenho certeza de que é possível imaginar conexões de quando estamos com raiva, medo, alegria e tristeza, não é mesmo?

O SISTEMA NERVOSO AUTÔNOMO ESTÁ DIVIDIDO EM OUTROS DOIS SISTEMAS:

Sistema Nervoso Simpático →
se relaciona à ativação energética do medo quando precisamos de uma energia extra. Vamos pensar em um assalto: o Sistema Nervoso Simpático entra em ação e mobiliza o corpo para encarar o desafio, fugir da situação ou até mesmo se congelar.

Sistema Nervoso Parassimpático →
tem como missão "desativar" o Simpático depois de tanto esforço. É o estado de relaxamento, o retorno ao funcionamento normal após o pico do estado de alerta, também é responsável pelo processo de digestão e cicatrização.

Além disso, outras estruturas cerebrais – dessa vez do Sistema Límbico – entram em cena. As amígdalas do hipocampo se situam nos hemisférios direito e esquerdo do cérebro e controlam os comportamentos sexual e social, e as emoções primárias. É essa estrutura, que tem o tamanho da unha do polegar, que nos avisa se as situações oferecem risco ou não, se estamos seguros diante de certas pessoas ou circunstâncias.

A amígdala – não confunda com a amígdala da garganta; o nome é o mesmo, mas as funções são bem diferentes – se comunica diretamente com o hipocampo, área responsável por transformar acontecimentos em memórias de longo prazo. Imagine que você, por exemplo, foi assaltado certa vez no trânsito por um sujeito ruivo, de barba e boné. O susto e o medo da situação ficaram gravados na sua mente. A partir daí, toda vez que você se deparar com um homem ruivo, de barba e boné, vai entrar em um estado de alerta, tendo você consciência disso ou não.

Aliás, nem é preciso esbarrar com alguém com essas características. Em alguns casos, a pessoa passou por sua visão periférica do outro lado da rua, ou algo parecido ao evento traumático que você passou ser despertado e você sequer fez associações conscientes, mas o corpo começou a entrar em um estado de alerta e de ansiedade – em casos extremos, até de pânico – que dá a impressão de que isso tudo veio do nada, mas algo mais profundo disparou o gatilho. Amígdala e hipocampo, portanto, atuam juntos. O hipocampo ainda tem o papel de neurogênese, ou seja, de renovação dos neurônios e age na memória.

E o estado de alerta tem, novamente, a ação do Sistema Nervoso Autônomo, que pode envolver dois estágios. O primeiro está relacionado ao nervo vago em sua enervação ventral, responsável pelos movimentos dos músculos da face e pelas conexões sociais, por meio das expressões, modulação e entonação de voz etc., ou seja, ele entra em ação quando tentamos nos conectar e engajar com as pessoas.

Talvez já tenha acontecido com você ou com uma pessoa próxima, em que a pessoa tenta negociar com o assaltante, dizendo que pode levar a carteira, mas para deixar os documentos etc. Isso se dá porque algo não foi percebido pelos mecanismos mais profundos de defesa "como tão perigoso assim", por isso a tentativa de negociação.

Existem casos que dizem respeito ao nervo vago dorsal, em que a sensação de ameaça se faz presente e entra em cena a parte mais instintiva de sobrevivência: luta, fuga, congelamento ou colapso. Diante de um assaltante que pode chegar gritando e armado a pessoa pode congelar, mas que fique bem claro que o que define as reações automáticas de mobilização do sistema em prol da sobrevivência é o que é percebido em níveis profundos e inconscientes e não tem a interferência consciente. E é muito comum após esses eventos a pessoa começar a tremer ou ter uma crise de choro mesmo que o evento já tenha terminado, isso se dá porque toda a ativação que teve de ser contida no SNA para lidar com a situação de perigo tenta encontrar um caminho de ser liberada. Em outros casos a pessoa até tenta reagir ou fugir (luta e fuga). Todos esses mecanismos – você vai entender melhor quando eu detalhar cada uma das emoções – podem ser ativados a partir da raiva, do medo, da tristeza e até da alegria.

Você já ouviu falar em neuroplasticidade? Também conhecida como plasticidade neuronal ou plasticidade cerebral, ela é a capacidade do cérebro de mudar, adaptar-se e moldar-se no nível estrutural e funcional ao longo do desenvolvimento neuronal e quando somos expostos a novas experiências. É o que tende a acontecer quando aprendemos a nos relacionar com nossas emoções.

O cérebro faz parte de todo esse processo, mas não atua isoladamente. Embora durante muito tempo a ciência tenha insistido em separar o cérebro do corpo, hoje diversas pesquisas apontam que essa divisão não existe. Em 2020, para se ter uma ideia, cientistas descobriram que dentro do nosso coração existe uma espécie de "minicérebro"[1] que conta, inclusive, com neurônios!

---

[1] **Referências Bibliográficas:** *https://www.sciencenews.org/article/new-3-d- map-illuminates-little-brain-nerve-cells-within-heart. https://socientifica.com.br/cientistas-mapeiam-um-cerebro-no-coracao/*
Autores do Estudo: Zixi Jack Cheng e Rajanikanth Vadigepalli, Thomas Jeffer-son University – Philadelphia 1

Antes disso, estudos clínicos do Instituto HeartMath, nos Estados Unidos, mapearam e compararam ondas eletromagnéticas do cérebro e do coração de um grupo de pessoas. Os testes consistiam em, primeiro, exibir imagens agradáveis para elas: praias, famílias felizes, paisagens, pets etc. Depois, mostraram imagens assustadoras como animais peçonhentos e desastres e, na sequência, mapearam o impacto diferente de cada sessão.

O passo seguinte foi exibir as imagens das duas séries de maneira aleatória às pessoas. Os exames revelaram, então, que o coração respondia antes do cérebro. Em suma, as amígdalas receberam a informação, mas o coração foi impactado primeiro, comprovando a teoria de que as emoções atuam em todo o corpo. Outros exemplos: suar de medo, sentir as mãos tremerem, as pernas bambas e por aí vai. E você, quando se depara com uma situação que lhe causa medo extremo ou um susto bem grande, como uma batida de carro ou um assalto, qual é a primeira reação do seu corpo?

E agora que você está começando a se dar conta de que as emoções não acontecem somente no cérebro, gostaria que observasse o seguinte:

Da próxima vez que se perceber sentindo uma emoção, se pergunte: "Onde eu sinto essa emoção no meu corpo?" Procure então descrever as sensações físicas para você mesmo. Tanto as mais acentuadas quanto as sensações mais sutis que se passam no seu corpo, que até são difíceis de descrever.

Registre aqui suas sensações da forma
que se sentir mais confortável

Por que ninguém deveria ignorar os avisos das emoções?

"Se você não contar a verdade sobre si mesmo, não poderá contar sobre outras pessoas."

Virginia Woolf

Se você sente um incômodo no dente, a atitude inicial é procurar uma farmácia e comprar um medicamento que possa amenizar a dor. Se o remédio não tem o efeito desejado, é possível que você busque outros recursos e, quando o dente latejando estiver atrapalhando a normalidade da rotina, decida marcar horário no dentista. Até mesmo com problemas físicos que nos incomodam bastante, a tendência é primeiro tentar resolver aquele problema sozinho, depois damos um passo a mais até procurarmos ajuda especializada para que de fato o problema seja detectado, sanado e resolvido.

Em relação às emoções, esse atraso é ainda maior, os seres humanos tardam muito, infelizmente, a procurar ajuda. O primeiro passo é tentar resolver aquilo que incomoda com base nos aprendizados que tiveram sobre as emoções. Acontece que esses aprendizados, em geral, são permeados por regras (vou explicar melhor adiante) que não têm a ver com sua essência e, muitas vezes, trata as emoções de modo repressivo e equivocado. O problema não é solucionado, pelo contrário: vai sendo jogado para debaixo do tapete.

Imagine que a sirene de incêndio começa a tocar em uma empresa ao detectar fumaça. As pessoas correm para o local onde a sirene dispara e, irritadas, acham que o aparelho está quebrado, pois não enxergam nenhum foco de incêndio. O barulho incomoda, irrita e todo mundo quer cessar o som ensurdecedor. Só que, na verdade, o foco do incêndio não é mesmo aparente: ele está na tubulação de fios dentro da parede.

Com os sintomas das emoções, é comum que muitas pessoas ajam da mesma forma: elas ficam bravas e irritadas quando experimentam os sintomas do medo ou da tristeza. Elas não gostam de sentir raiva, não aceitam essas emoções, então querem se livrar delas o mais depressa possível. No entanto, ao agirem dessa forma, deixam de entrar em contato com o mais importante: as causas mais profundas, não aparentes, que dispararam o alarme dos sintomas.

Geralmente após um acidente de carro ou um divórcio, algumas pessoas podem desenvolver, por exemplo, transtornos de ansiedade ou até mesmo ataques de pânico e achar que foi em decorrência do evento ocorrido. O acontecimento, claro, teve a sua carga emocional, mas também ajudou a despertar causas mais profundas e significados que as emoções, ao longo da vida, tentaram comunicar. Mas, devido às regras que vou explicar logo adiante, a pessoa não entende disso e acha que aquilo que sente – ataque de ansiedade, depressão, insônia etc. – tem a ver apenas com o acidente ou o divórcio, por exemplo, mas sem perceber que existem camadas muito mais profundas por baixo disso.

> A raiva ou a tristeza que você costuma sentir ou evitar enviam avisos: é preciso aprender a se relacionar com suas emoções de uma maneira saudável e produtiva. Caso contrário, há o risco de passar a sofrer com as consequências.

Algumas consequências comuns:

- Sobrecarga de outras emoções
- Desconexão com a realidade
- Sintomas físicos como dor de cabeça, insônia, náuseas e enjoos
- Atitudes esquivas em relação às pessoas
- Fuga de relacionamentos
- Impaciência, mau humor. retração
- Queda de produtividade no trabalho e nos estudos
- Surgimento de transtornos do humor como ansiedade, depressão e anedonia
- Falta de posicionamento na vida
- Tendência a relacionamentos destrutivos e abusivos
- Permissão inconsciente para que os outros invadam seus limites
- Uso de focos de distração para amenizar o desconforto constante, como álcool, drogas, sexo, compras, comida, jogos, sob o risco de o comportamento virar compulsivo
- Sensação de impotência perante desafios e imprevistos
- Autoestima baixa
- Falta de conhecimento sobre si mesmo e sobre a própria vida
- Incertezas em relação ao futuro

QUANDO VOCÊ COMEÇA A EXPERIMENTAR RAIVA, MEDO, TRISTEZA E ALEGRIA, COMO VOCÊ COSTUMA REAGIR? O QUE COSTUMA FAZER? ESCREVA AS 3 ESTRATÉGIAS MAIS COMUNS.

exemplos:

(Quando sinto medo tenho a tendência em ruminar meus pensamentos pensando que as coisas podem não dar certo, e fico reparando em tudo ao meu redor de forma hipervigilante).

(Quando sinto raiva, tenho uma explosão e xingo todos que estão ao meu redor).

(Tristeza, costumo me isolar e comer doces, além de colocar músicas tristes).

(Alegria, tenho o impulso de compartilhar com minha irmã, pular e cantar sozinho).

A importância de ter um relacionamento saudável com as emoções

Quem consegue aprender a ter um relacionamento saudável com as emoções – e eu vou ensinar a você como – conquista uma percepção mais coerente da realidade. A vida flui melhor, em todos os sentidos, e a pessoa se sente mais alinhada e fortalecida para encarar os desafios e os problemas do dia a dia. O passado pode começar a ser reelaborado e ressignificado, lutos podem ser vivenciados e atravessados, a tristeza e a raiva encontram um espaço seguro para se manifestarem e a alegria pode ser sentida sem culpa ou medo.

Você se aceita melhor, percebe um aumento do entendimento e da compreensão acerca de si e dos outros, consegue ter relacionamentos mais saudáveis, maduros e fluidos, e permite que qualquer emoção aconteça de modo sadio, pois está presente e conectado com o mundo.

ONDE SE INICIAM AS EMOÇÕES

> "Nada na vida deve ser temido, apenas compreendido. Agora é a hora de entender mais, para que possamos temer menos."
>
> Marie Curie

A resposta para o título deste capítulo é simples e objetiva: no útero. Acha estranho imaginar um feto em formação sentindo raiva ou medo? Pois é isso mesmo o que acontece.

As emoções vivenciadas ainda na barriga da mãe, aliás, podem ter consequências para o resto da vida do bebê – principalmente na idade adulta. Sei que essa pode parecer uma afirmação um tanto chocante, por isso prepare-se para receber um bocado de pesquisas científicas, ok?

Aqui cabe explicar que a maneira como transcorrem os primeiros anos de vida pode amenizar ou acentuar tudo aquilo que já aconteceu no período gestacional. Se a criança foi desejada, teve uma família funcional, recebeu uma comunicação clara e alinhada por parte dos pais e/ou cuidadores e, principalmente, recebeu afeto, amor, amparo e paciência, os eventos traumáticos da gestação são amenizados. Porém, se a infância foi marcada por brigas, gritos, morte precoce de um dos pais ou alguém próximo e abusos psicológicos, físicos ou sexuais, os traumas vivenciados no útero são acentuados. E, ainda que a gestação da mãe tenha sido tranquila, as experiências intrauterinas positivas são encobertas por uma espécie de cortina negativa. Dessa forma, tudo o que acontece dentro do útero é revivido ao longo da vida.

Como terapeuta integrativo especializado em cura e resolução de traumas e estresse pós-traumático também me especializei no trabalho de traumas e choques intrauterinos. E, sendo um dos maiores especialistas no Brasil no campo em cura de feridas pré e perinatais, considero bem relevante explicar, pelo menos em linhas gerais, tudo o que acontece no útero para você que está lendo este livro possa ter entendimento e caminhos assertivos para aprender a se relacionar melhor com as emoções.

Durante muito tempo acreditou-se que os bebês nasciam como folhas em branco. Diversas pesquisas ao redor do mundo, entretanto, mudaram essa percepção. O trabalho do fotógrafo sueco Lennart Nilsson (1922-2017) começou a trazer luz para um território que antes era considerado escuro, misterioso e desconhecido. Além de tecnologias intrauterinas como as fotografias de Nilsson e os avanços de métodos como o ultrassom, estudos pioneiros do campo experiencial e da Psicologia Pré e Perinatal concluíram que as emoções nos seres humanos começam no útero. Entre esses estudiosos, são extremamente relevantes os trabalhos de William Emerson, considerado o "pai" da Psicologia Pré e Perinatal, de David B. Chamberlain (1927-2014) e de Dr. Ray Castellino, que nos deixou em 2020, entre outros. Já a médica e psicanalista italiana Alessandra Piontelli acompanhou bebês desde o ultrassom até a idade adulta e observou que muitos comportamentos registrados durante a gestação, inclusive a forma de gêmeos interagirem, tinham uma grande tendência de serem replicados fora do útero.

Durante muito tempo, psicólogos, terapeutas e psicanalistas que trabalhavam com pacientes em estados alterados de consciência relataram que essas pessoas conseguiam acessar memórias intrauterinas. No entanto, tais relatos foram sistematicamente desconsiderados pela comunidade médica, pois acreditava-se que as memórias eram armazenadas somente no cérebro e, na gestação, o cérebro do feto ainda estava em formação – portanto, tais memórias não existiriam. Hoje, felizmente, estudos já concluíram que todas as células do ser humano têm uma estrutura perfeita para armazenar memórias. E elas são guardadas também na nossa parte bioquímica, no sistema nervoso, na fáscia do músculo e até na nossa energia em nossos corpos sutis.

Segundo o "pai" da Psicologia Pré e Perinatal, PhD William Emerson, em nenhum outro momento da vida vamos nos desenvolver tanto quanto no período da gestação. Pois, proporcionalmente falando, naqueles nove meses saímos do encontro de duas células até um bebê completamente formado no nascimento. São as experiências primárias vivenciadas durante esses nove meses que moldam nossas emoções primárias. Dessa forma, nossa vida é uma repetição desses *scripts* criados a partir das vivências intrauterinas, que podem ser solidificados ou amenizados, dependendo do que acontece posteriormente na infância.

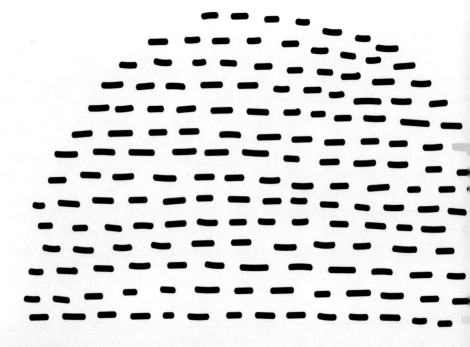

As células têm uma estrutura perfeita para armazenar memórias

> "Em algum lugar, algo incrível está
> esperando para ser descoberto."
>
> Carl Sagan

Tudo o que ocorre durante o período intrauterino fica registrado também por meio da memória celular. Um dos pioneiros nos estudos a respeito do assunto foi o psiquiatra britânico Ronald David Laing (1927-1989), que nos anos 1970 explicou que as memórias do período intrauterino afetam toda a nossa vida – principalmente as do primeiro trimestre, momento mais crítico de toda a gestação.

· O campo de pesquisa das memórias celulares se consolidou por meio das descobertas de diversos pesquisadores, entre os quais se destaca o neuropsicólogo Paul Pearsall (1942-2007). Segundo Pearsall, as células têm memória e o coração carrega um código energético especial, que nos conecta com os demais seres humanos e com o mundo à nossa volta.

Sua teoria explica por que muitas pessoas que se submetem a um transplante de coração passam a manifestar traços da personalidade do doador[2]. Ele conversou com um homem de 55 anos de idade, que era sedentário antes da cirurgia, que iniciou uma rotina totalmente ativa depois do transplante. Esse paciente havia recebido o coração de um dublê de Hollywood. Outro caso foi o de um transplantado que começou a apreciar música clássica, sendo que esse gosto não era cultivado anteriormente. O doador do coração? Um adolescente de 17 anos que tocava violino.

Para Pearsall, o fato de que as células têm memória é uma lei básica da natureza. Mesmo os mais simples organismos unicelulares lembram como

---

[2] Extraído da Nexus Magazine, Volume 12, Número 3 (abril-maio de 2005)

se movimentar, encontrar alimento, se reproduzir e evitar os predadores. Ele concluiu, entre outros pontos, que as nossas células, os nossos genes, as substâncias no coração e a energia do nosso corpo se combinam para ajudar a fabricar e armazenar as memórias.

Mais uma vez citando o norte-americano PhD William Emerson, ele constatou que a cada semana da gestação há um órgão em período crítico de desenvolvimento. O coração, por exemplo, começa a bater na terceira semana, quando normalmente a mãe descobre que está grávida. O susto com a notícia, a falta de planejamento da gravidez, estresse e perda de uma pessoa querida, ou até mesmo um choque ou trauma intrauterino vivenciado pelo feto, entre outros fatores, podem gerar uma resposta emocional negativa que pode afetar diretamente o órgão do bebê que está se desenvolvendo, e claro que se a notícia da gestação é bem recebida, todos os sentimentos de amor e de alegria pela chegada daquele bebê são registrados. É válido destacar que as emoções da mãe são influenciadas por suas próprias percepções e experiências sobre o que é a vida.

Um bom exemplo disso é que eu sinto medo de altura – e, para você, talvez a experiência em um passeio de montanha-russa ou um salto de paraquedas seja a sensação mais fascinante do mundo, ao passo que para mim é uma situação que desperta muito estresse. Logo, aquilo que deixa as pessoas tristes, com raiva, com medo ou até mesmo alegres pode ser um evento diferente daquele que afeta você. Cada pessoa tem uma própria construção de percepção de realidade que já vem se moldando desde as experiências intrauterinas.

A criança guarda essas memórias dentro de si, mesmo que não consiga acessá-las, ou não estar consciente disso. Em alguns casos, na idade adulta, a pessoa tem o sentimento de que não é digna de amor. Por exemplo, uma pessoa pode ter passado por algumas experiências no início da vida e aprendeu que quem deveria amá-la a rejeita, no caso de uma ideação abortiva. Mesmo que a família, amigos e parceiros a amem incondicionalmente na vida adulta, a emoção ficou associada à rejeição lá atrás. Aqui vale a máxima de que "a primeira impressão é a que fica!". Nós somos pré-programados para focarmos no negativo por questão de sobrevivência.

Certa vez uma mãe desesperada me ligou de outro estado pedindo que atendesse sua filha de 22 anos. Ela me contou que, por mais que ela e o restante da família amassem e fizessem de tudo pela filha, a moça não se sentia amada e digna de amor e, pior, já estava em uma depressão profunda, com ideações suicidas. Conversando com a mãe, em algum momento eu perguntei como havia sido o início da gestação e a descoberta da gravidez. A mãe respondeu que a filha não fora planejada e que ela havia tido muitos pensamentos abortivos. Inclusive chegou a agendar em uma clínica de aborto, mas desistiu da ideia de tirar a criança a caminho da clínica.

Então, expliquei que o impacto dessas ações no início da gestação poderia ter construído *imprints*[3] profundamente enraizados, que futuramente estariam extremamente ligados à percepção incorreta de ela não se sentir digna de receber amor. E era por isso que, por mais amor que houvesse, a barreira erguida logo no início da vida impedia que o amor chegasse até ela, mesmo tão presente.

É de conhecimento de todos que uma mulher grávida tem as suas restrições em relação a hábitos e alimentação para o bem-estar do feto que está sendo gerado, mas o que por muito tempo não foi considerado é quanto os estados emocionais da mãe bioquimicamente são transmitidos pelo cordão umbilical e influenciam o bebê.

O geneticista e biólogo Bruce Lipton, um dos principais estudiosos no campo da epigenética, afirma[4] que a ativação dos programas dos genes é controlada pela atmosfera do ambiente, mais precisamente pela percepção que o organismo tem dessa atmosfera. Emoções que a mãe experimenta durante a gestação como ansiedade, raiva, tristeza, medo, amor e alegria influenciam bioquimicamente a seleção e a reescrita do código genético do embrião se formando dentro do útero, com consequências evolucionárias muito profundas no futuro.

Os futuros pais seriam uma espécie de "engenheiros genéticos". Traumas e emoções não elaboradas podem ser constantemente repetidos ao

---

[3] *Imprints* são como marcas de aprendizado que se estabeleceram em nós de maneira muito profunda, em nossas emoções, comportamentos, significados e na parte somática.

[4] **Artigo: Nature, Nurture and Human Development, publicado em June 7, 2012**

longo da história familiar ao longo de várias gerações. Mais adiante falarei sobre as regras e emoções, mas já adianto que regras familiares têm um profundo impacto nas nossas emoções e têm ligação direta com o passado.

Sobreviva ou prospere

Segundo Lipton, todos os organismos, desde bactérias a humanos, compartilham o mesmo comportamento biológico – a vontade de sobreviver. Quando a vida de qualquer organismo é ameaçada e comprometida, ele implementa programas comportamentais que lhe permitirão permanecer vivo. Esse impulso fundamental para a sobrevivência, embutido em cada organismo, é conhecido como um "imperativo biológico".

Pense num rato fugindo de um cachorro. Ele tenta de todas as maneiras se desvencilhar, mas quando é encurralado em um canto, sem nenhum outro recurso, vai se lançar sobre o cão e lutará por sua sobrevivência. Em humanos, a atividade do sistema adrenérgico, as secreções de hormônios do estresse, juntamente ao Sistema Nervoso Autônomo, que controla as reações de luta, fuga, congelamento ou colapso desempenham seu papel na luta pela sobrevivência. Se o sistema nervoso da mãe perceber que o ambiente está ameaçando a sobrevivência dela ou de seu feto, ele emitirá sinais que ativam uma resposta protetora e a preparará para a sobrevivência, por meio das experiências vivenciadas pela mãe, por exemplo, uma discussão com o marido ou ter sido demitida do emprego, entre outros acontecimentos externos que, como você já aprendeu, dependem da "percepção" da mãe em questão. Isso tudo produz uma enxurrada bioquímica cuja interferência é uma espécie de aviso para o bebê dentro do útero: "Prepare-se, pois é isso que está te esperando do lado de fora".

O cortisol e outros hormônios relacionados ao estresse atravessam a placenta e afetam profundamente a genética e o comportamento do feto em desenvolvimento. Sinais que geram ameaças de sobrevivência, ou seja, medo e estresse, afetam os mecanismos de crescimento. O feto é impactado pelas emoções da mãe e sente a toxicidade do ambiente. O que faz? Tenta se adaptar e sobreviver, então o sistema cresce em constante alerta, em outras palavras, é como se não pudesse descansar e relaxar – conforme as palavras de Lipton –, inclusive emocionalmente. Já a percepção dos sinais que registram a existência de um ambiente saudável e amoroso são encorajadores. A mensagem é: "Prospere!"

Vale dizer que prosperar, nesse contexto, significa as células se multiplicarem sem que precisem estar atreladas ao comportamento biológico de proteção e sobrevivência. Em outras palavras, quanto mais tranquila e segura a mãe se sente, mais tranquilo e seguro o feto crescerá em seu ventre.

Atendi uma cliente cuja mãe sofreu um assalto durante a gravidez. Em situações de medo ou de ansiedade, minha cliente ficava paralisada, congelada. Outra descobriu em um processo terapêutico que o pai chutava a barriga de sua mãe enquanto ela crescia lá dentro, para forçar um aborto. Você tem noção do quanto essas experiências são impactantes para o bebê? As células têm aprendizado, recebem informação. O bebê sente o que o espera fora do útero: sobreviva! Isso também vai direcionar as lentes pelas quais a pessoa vai olhar e se relacionar não só com o mundo, mas também com as outras pessoas, consigo próprio e com suas emoções.

"A única coisa permanente é a mudança."

Heráclito (500 a.C.)

Felizmente, somos seres flexíveis e adaptáveis. Em sua palestra "Como as primeiras experiências da vida são gravadas no DNA" para o TED Talks Bratislava, em julho de 2016, o geneticista britânico Moshe Szyf descreveu uma experiência interessante com ratinhos que fez com sua equipe. Foi observado que havia mães de ratinhos que ao nascerem lambiam muito seus filhotes, outro grupo de mães que quase não lambiam sua prole e, por fim, outro grupo em que a mãe lambia moderadamente. Foi observado na vida adulta desses ratinhos que os que eram altamente lambidos apresentavam comportamentos bem distintos daqueles cuja mãe não os lambia. Os ratinhos mais lambidos eram menos estressados, tinham comportamento sexual normal, eram mais exploradores e menos agressivos; já o grupo dos menos lambidos era exatamente o oposto.

Para saberem de fato se o que influenciava eram as lambidas ou a genética, os cientistas distribuíram a ninhada de uma ratazana para dois grupos de mães adotivas: o primeiro era composto por mães que lambiam muito seus filhotes biológicos; o segundo, pelas que lambiam pouco. As mães que lambiam mais e por mais tempo suas crias fizeram com que o organismo dos ratinhos produzisse determinados marcadores químicos que desligaram genes relacionados ao estresse. O mesmo não ocorreu com os pobrezinhos que foram menos lambidos, que se mostraram mais ansiosos, estressados e com comportamentos agressivos e intolerantes na vida adulta.

Já falamos como os padrões emocionais começam a se formar dentro do útero, mas independentemente do que tenha ocorrido nesse período, o que vem depois realmente tem um papel fundamental em suavizar os acontecimentos difíceis ou solidificar as percepções incorretas sobre a vida. Ou seja, a influência do ambiente pode ajudar bastante. Ter uma família funcional e amorosa no início da vida realmente importa, e se esse não foi o seu caso, fique tranquilo, pois a flexibilidade do cérebro e todos outros sistemas do corpo em se adaptar realmente tornam possível a mudança de padrões disfuncionais.

No entanto, vale lembrar o artigo "O mau é mais forte do que o bom", publicado em 2001 na *Review of General Psychology*, do psicólogo norte-americano Roy Baumeister, da Universidade Estadual da Flórida. De acordo com suas pesquisas, os acontecimentos negativos têm uma relevância e uma influência maior nas pessoas do que os positivos. Um abuso sexual pode impactar muito mais a sua vida do que dez natais felizes, você já parou para refletir sobre isso?

MEMÓRIA CELULAR E VIDA ADULTA

Nos trabalhos terapêuticos com regressões intrauterinas, uma cliente se deu conta de que havia perdido um irmão gêmeo dentro do útero. A mãe sequer sabia que havia perdido esse segundo bebê, pois isso aconteceu em um período bem precoce da gestação. Você se lembra do que expliquei a respeito de como as células armazenam memórias e como é possível acessá-las, certo?

Essa cliente foi muito esperada e desejada pela família. Nas regressões ela se deu conta de que, ainda no útero, tinha a percepção que não podia sentir a tristeza de ter perdido o irmão, uma vez que, do lado de fora, todos estavam felizes com a sua chegada. O padrão de reprimir a tristeza, constatamos na terapia, se apresentou em muitas outras dinâmicas na vida. Se ela recebesse um aumento de salário, por exemplo, não sentia a permissão interior para comemorar porque outras pessoas poderiam não ter a mesma oportunidade. Uma vez, o celular dela foi roubado e ela não se permitia chorar porque enchia a cabeça com pensamentos do tipo "está tudo bem" e "não aconteceu nada comigo, foi apenas o celular". Ela não dava espaço para a tristeza. Isso tem a ver com as regras que ela foi criando a partir da própria percepção ainda dentro do útero sobre sentir alegria e tristeza. Eu sei que você não aguenta mais esperar para saber o que são essas regras, te prometo que daqui a pouco vamos nos aprofundar sobre isso.

Emoções na primeira infância

A primeira infância é extremamente relevante para o relacionamento saudável (ou não) com as emoções. Segundo o Marco Legal da Primeira Infância, conjunto de leis que entrou em vigor em 2016, esse período vai da gestação até os 6 anos de idade.

Neste livro, para explicar melhor o impacto das emoções, optei por dividir em três períodos: a fase gestacional; a primeira infância, que vai do nascimento até os 3 anos de idade, e a segunda infância, ciclo que se estende entre os 3 e 7 anos.

A primeira infância é um estágio riquíssimo e fundamental da experiência humana, principalmente por ser a fase em que nós consolidamos os laços de conexão com nossos pais ou cuidadores. Esse vínculo inicial define como vamos nos conectar com outros seres humanos pelo resto da vida, sempre com base nas emoções.

Você sabia que os três primeiros anos de vida de uma criança consistem no período mais intenso de conexões neuronais que o cérebro vai realizar durante toda a vida? Se essa fase envolver doses generosas de afeto, carinho, toques e paciência, ou seja, se a multiplicação neuronal for mediada por ocitocina (neurotransmissor natural produzido pelo hipotálamo no cérebro, também chamado de "hormônio do amor"), as chances de a criança ter um desenvolvimento mais saudável da inteligência e das habilidades emocionais são muito maiores. A ocitocina, aliás, também é o hormônio ligado à amamentação. Quando o bebê mama e troca olhares com a mãe nesse momento, seus níveis se elevam e fortalecem o vínculo.

No entanto, se o ambiente onde a criança passa os primeiros anos de vida for caótico, agressivo e disfuncional, os neurotransmissores que têm uma ação mais efetiva são os ligados à necessidade de sobrevivência, mediados pelos hormônios do estresse: cortisol, adrenalina, noradrenalina. A mensagem que a criança recebe é: "Dê um jeito de sobreviver". A situação desfavorável prejudica as conexões neurais, com consequências que podem perdurar durante toda a vida. Isso explica o que aconteceu na experiência dos ratinhos citada anteriormente.

Teoria do Apego

Para entender melhor como as emoções são aprendidas e vivenciadas pelas crianças na primeira infância – e como essas experiências afetam a idade adulta –, gostaria de explicar um pouco sobre a Teoria do Apego. Ela é fruto de um trabalho pioneiro desenvolvido pelo psicólogo, psiquiatra e psicanalista britânico John Bowlby (1907-1990), grande estudioso do desenvolvimento infantil.

> Tudo que você verá a seguir é passível de ser transformado, isso é uma notícia incrível!

O apego é um relacionamento emocional e essencial que envolve uma troca de conforto, cuidado e prazer. E tem um componente evolutivo: ajudar a sobrevivência. De acordo com Bowlby, mães e bebês são programados biologicamente para estabelecer uma conexão especial durante os três primeiros anos de vida da criança, o que garantiria sua sobrevivência. Caso o vínculo sofra algum tipo de dano durante esse período crítico, o desenvolvimento da criança pode sofrer prejuízos graves e até mesmo permanentes. Apegar-se, conforme os estudos do psicólogo, é um comportamento intrínseco à natureza humana.

Ao longo dos anos, psicanalistas que endossaram os conceitos de Bowlby divulgados nos anos 1950 passaram a incluir na Teoria do Apego os vínculos estabelecidos com os pais – e não somente com a mãe – ou com os primeiros cuidadores, independentemente de quem sejam. Lembra que na experiência dos ratinhos as mães que lambiam muito ou pouco não eram as mães biológicas? Por isso esse vínculo pode ser criado por meio de nossos pais biológicos, adotivos ou cuidadores. Esses vínculos são essenciais para a criança desenvolver internamente uma estrutura de comportamento que a leva a compreender a si mesma, os outros e o mundo. E, obviamente, eles impactam na maneira como a criança aprende, vivencia e expressa as emoções, com forte influência na vida adulta – inclusive nos relacionamentos com os próprios filhos.

Embora Bowlby tenha recebido duras críticas por tratar a figura paterna como irrelevante para o desenvolvimento emocional do bebê e por insinuar que as mães deveriam parar de trabalhar se quisessem que suas crianças se desenvolvessem de forma sadia, seu trabalho foi vanguardista. Muitas de suas ideias serviram como base para diversos outros estudos sobre vínculos afetivos entre pais e filhos, impulsionaram melhorias em espaços infantis como creches e popularizaram a alternativa da adoção.

De uma forma simples, para que você entenda por que nos apegamos a nossos pais ou cuidadores, é pelo simples fato de que nós, seres humanos, somos a espécie viva que demoramos mais tempo para nos tornarmos seres autônomos. Um bebê não nasce falando, nem comendo com talheres no prato, tampouco se vestindo, andando e já conseguindo os recursos financeiros para se sustentar.

Por isso, independentemente de como sejam os pais ou cuidadores, receptivos ou hostis, nós precisamos nos adaptar e nos conectar a eles para que possamos sobreviver.

Com 20 anos, quando ainda era um mesatenista profissional, fui morar na Europa, mais especificamente na Espanha. E sempre estávamos entre atletas de outras modalidades e países, ou seja, outras culturas. Acabei construindo uma amizade com uma sueca e me lembro como ela ficava indignada por eu já ter 20 anos, na época, e ainda morar com meus pais (no Brasil), e eu dizia que essa era uma prática normal, ao que ela contestava que em seu país já com 16 anos os filhos saíam de casa e iam morar sozinhos, e eu respondia que no Brasil isso levava um pouquinho mais de tempo. Você já começa a perceber a força de um aprendizado cultural, não é mesmo?

4 PRINCIPAIS PILARES DA TEORIA DO APEGO

- A criança desenvolve um laço com uma figura principal de apego;
- A criança deve receber cuidado contínuo durante seus primeiros anos de vida;
- A separação ou afastamento do cuidador causa ansiedade;
- As vivências com o cuidador influenciam no seu comportamento, nos pensamentos e em suas emoções.

Para ficar mais fácil assimilar como funcionam na prática os estilos de apego e a relação com as emoções, lembre-se de uma criança no parquinho que acabou de cair de algum brinquedo ou alguma coisa aconteceu, ela imediatamente busca o contato com o rosto dos pais ou cuidadores ali presentes, e responde prontamente a isso, sendo as expressões faciais uma régua na qual ela se baseia se tem aprovação ou não. Como você reagiria sendo uma criança de 6 anos que acabou de ralar o joelho e imediatamente olhou para o pai, que fez uma cara de desaprovação seguida de palavras de não incentivo num tom de voz de bronca? E se fosse diferente? A mesma situação do joelho ralado mas ao olhar para o pai esse desse um sorriso e viesse te abraçar e soprasse o ralado dizendo que está tudo bem, vai sarar rápido, como você se sentiria? Suas reações seriam diferentes do primeiro cenário? Começa a perceber que os aprendizados emocionais acontecem de várias maneiras?

Preste atenção nas imagens abaixo:

 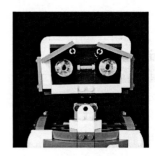

Você conseguiria distinguir quais expressões estão sendo representadas nas fotos acima? A única coisa que mudou nesses robôs de Lego foi a posição da sobrancelha. Percebe como temos um mecanismo biológico inato de identificar pistas faciais relacionadas às emoções?

Perfis diferentes

No início da década de 1950, a psicóloga norte-americana Mary Ainsworth (1913-1999) conduziu, a partir dos conceitos elaborados por Bowlby no ano de 1969, experiências em bebês de 9 a 18 meses, com base em um procedimento que ficou conhecido como "Situação Estranha". Suas pesquisas tinham como objetivo observar como os bebês lidam com suas necessidades de apego e exploração em situações de estresse de níveis variados.

O método de Ainsworth consistia em colocar uma mãe e um bebê de um ano em uma sala repleta de brinquedos infantis e observar os dois interagindo antes e após a entrada de um estranho no local. Em alguns momentos, a mãe deixava a criança sozinha com o desconhecido e depois retornava à sala.

Ela descobriu que os dados mais importantes sobre o relacionamento entre mãe e filho não eram originados pela reação do bebê à ausência da mãe, mas pela maneira como ele reagia à sua volta. Com base nessas observações, Ainsworth concluiu que havia três tipos de apego: apego seguro, ansioso e evitativo. Cerca de 70% dos bebês estudados pela psicóloga apresentaram apego seguro. Isso significa que eles viam as mães como uma base segura a partir da qual podiam partir para a exploração. Ficavam ansiosos, sim, com a saída delas da sala, mas brincavam felizes, mesmo na presença de um estranho, desde que as mães estivessem por perto se preciso.

Entre as descobertas, Mary Ainsworth concluiu que o apego se acentua mais fortemente quando a figura de apego é inacessível. Ou seja, com o distanciamento da mãe, há a sensação de que a sobrevivência está ameaçada. Conforme suas pesquisas, a sensibilidade dos pais ou cuidadores tem grande importância para definir o tipo de apego. Se são sensíveis, por exemplo, compreendem as necessidades do filho e respondem de maneira apropriada a elas, criando assim um vínculo seguro.

Pesquisas posteriores aos estudos de Ainsworth demonstraram que os primeiros estilos de apego, aqueles que surgem na primeira infância, podem influenciar o comportamento na vida adulta e a maneira como as pessoas se relacionam com as emoções. Em meados dos anos 1980, as psicólogas norte-americanas Mary Main (de quem Mary Ainsworth foi mentora) e Jude Anne Cassidy identificaram um quarto tipo de apego – o desorganizado – para descrever a criança que teme tanto o ambiente quanto a figura de apego.

Todos tivemos um ou outro estilo de apego que, gosto de ressaltar, foram uma forma de conexão biológica com nossos pais ou cuidadores. Essa experiência definiu a forma como agimos, reagimos e interagimos com o mundo, com o outro e, claro, como sentimos as emoções.

Quer saber mais sobre os estilos de apego e suas influências?

Vamos lá:

Apego seguro

Nas experiências de Mary Ainsworth, as crianças exploravam a sala de forma natural, mas se mostravam menos curiosas quando a mãe saía. Com o retorno da mãe, os bebês choravam ou iam para os braços dela para receber conforto. A conclusão é de que percebiam que a mãe era capaz de atender às suas demandas emocionais. A mãe é a base segura que contribui para o desenvolvimento da autoestima, da autoconfiança e de um relacionamento saudável com as próprias emoções.

No apego seguro, os pais e o ambiente possuem algumas características que podem ajudar a desenvolver esse estilo de apego na criança.

> – O ambiente é seguro e promove um senso de confiança básica

O ambiente como um todo promove mais segurança no sentido de que os pais estão em harmonia, não existem situações imprevisíveis de forma constante em que todos precisam ficar em alerta. Pense em um dos pais que chega alcoolizado em casa, o qual cada dia tem um comportamento diferente que gera preocupação, isso deixa o ambiente em constante alerta e é o contrário de segurança.

> – Os pais são presentes e conseguem se sintonizar emocionalmente com seus filhos e são consistentes

Os pais não estão apenas presentes de corpo, mas também de alma e sintonizados ao ritmo da criança e às suas necessidades de forma previsível e constante. Pense em uma pessoa que vive uma enxurrada emocional todos os dias e você não sabe quando ela vai estar boazinha e sorridente e quando ela vai simplesmente se fechar e não quer falar com ninguém, não existe consistência alguma.

– A comunicação com a criança é sensível e afinada

Lembre-se da última vez que você interagiu com um filhotinho de um gatinho ou cachorrinho. Seu tom de voz mudou? Como foram suas expressões faciais? Você relaxou e sorriu? Como foi sua última interação com um bebê? Você começou a recitar um poema de Camões pra ele? Ou de forma natural começou a fazer brincadeiras e barulhos estranhos com a boca, e terminou sorrindo e se fundindo com o bebê? Acredito que você já começou a se dar conta do que é uma comunicação afinada e sensível e o contrário também, não é? Pois provavelmente você já conheceu alguém que até parece frio ou "não leva jeito" com crianças e pets, o que na verdade está demonstrando o estilo de apego dessa pessoa e como ela lida com as próprias emoções.

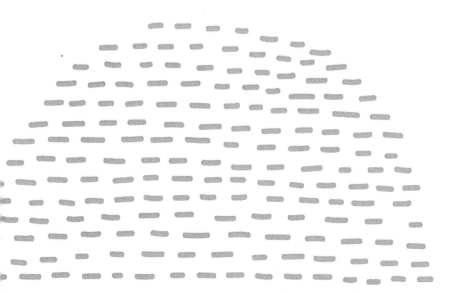

Caso os pais não consigam proporcionar para a criança toda essa sintonia, ela simplesmente se adapta para criar um vínculo, e vai se adaptar para minimizar suas frustrações e sobreviver naquele ambiente. Vamos ver um pouco como se desdobram essas adaptações:

Ambivalente ou ansioso por agradar

No procedimento "Situação Estranha" de Ainsworth a criança explorava pouco o ambiente, apresentando medo e grande ansiedade na ausência da mãe e presença de pessoas estranhas. Quando a mãe retornava à sala, porém, o bebê de certa forma queria reestabelecer o vínculo e o contato com ela, mas também apresentava traços de raiva e ressentimento por conta do afastamento. Nos primeiros anos de vida, o apego ambivalente também se caracteriza por situações em que uma criança sente uma conexão com os pais, mas ela é interrompida bruscamente – não importa o motivo – várias vezes. Não há previsibilidade nem constância, algo que mexe negativamente com as emoções e com o instinto de sobrevivência. Existe, o tempo todo, a dúvida: minhas necessidades serão atendidas ou não? Ou qual comportamento é esperado de mim para que essa conexão não se interrompa novamente?

Lembra que falamos que não adianta estar presente apenas de corpo e os pais precisam ser constantes? Imagine uma mãe ao lado do filho e completamente conectada ao celular, enquanto a criança chora, ou tenta buscar algum tipo de vínculo. Você já percebeu que essa mãe não está realmente alinhada e sintonizada, não é mesmo? Mas digamos que em algum momento essa mãe se conecte ao seu bebê, mas pelo estresse do dia a dia com o trabalho, o marido, as contas etc., ela se afunde nas próprias emoções advindas dos próprios problemas. Aqui se perde a constância, o que vai gerar muita insegurança no bebê, que internamente passa a acreditar que o vínculo se rompe por algo que ele fez ou, ainda, que tipo de mágica ele precisa fazer para reestabelecer o vínculo.

A pessoa que lidou com o apego ambivalente na infância pode apresentar comportamentos compulsivos na idade adulta. Há um experimento, inclusive, que ilustra bem esse quadro. Um pombo, em uma gaiola, recebia comida toda vez que pulava no poleiro. Então, se queria ser alimentado, pulava no poleiro. Após alguns dias, a comida deixou de ser colocada quando ele pulava. A imprevisibilidade da situação o levou a pular sem parar, por medo de faltar comida. Além disso, quando a comida caía, o pombo nem comia toda comida mas continuava a pular sem parar no poleiro de forma compulsiva, "prevendo" uma possível falta futura.

Para trazer um exemplo bem próximo da nossa realidade, basta lembrar a greve dos caminhoneiros que aconteceu em 2018. Bastava sair na rua para ver filas e mais filas nos postos de combustível. Muitas pessoas, aliás, chegaram a partir para a violência para abastecer seus carros. De todo modo, conforme se usava o carro, o combustível acabaria. Hoje passamos diante de um posto de gasolina sem receio, mas se a paralisação ocorresse umas 5 ou 6 vezes, é possível que muita gente pensaria: "Vou abastecer meu carro, pois eu não sei quando vai acontecer outra greve novamente e faltar combustível". Assim, a imprevisibilidade e a ruptura constante da comunicação e do afeto tendem a causar um nível alto de ansiedade e o medo de não ter mais.

Certa vez estava conhecendo uma pessoa para um possível relacionamento, e no início do nosso processo de flerte e apresentação, acabamos indo à casa de uma amiga em comum. Lá, em determinado momento, ao sair do banheiro me dirigi à dona da casa e elogiei o sabonete, que realmente tinha um perfume diferente. Dois dias depois, a pessoa que eu estava conhecendo me presenteou com o mesmo sabonete. Uma semana mais tarde, passeando de carro comentei que teria um casamento para ir ao fim de semana e precisava comprar um cinto, e no dia seguinte ela me presenteou com dois cintos.

Alguns dias depois estávamos no shopping passeando e parei em frente a uma vitrine de uma loja esportiva e apenas comentei que havia gostado de um tênis e talvez ele fosse excelente para fazer exercícios, e três dias mais tarde ela me presenteou com o tênis em questão, só que dessa vez eu recusei o presente, e até fui indagado: "Não gosta de ganhar presentes?" ao que respondi: "Eu adoro presentes, porém temo que o preço vai ser alto demais". Eu já havia detectado ali um estilo de apego ansioso por agradar muito exacerbado.

Não deu outra, uma semana mais tarde acabei não querendo prosseguir naquele relacionamento e a pessoa se ofendeu muito, e uma de suas frases foi: "Fiz de tudo por você e é assim que você me trata?"

Às vezes não percebemos que esse "fazer de tudo pelo outro" pode não ser um comportamento motivado pelo amor, e sim por criar algum vínculo tentando agradar a todo custo. E eu poderia descrever inúmeros casos em que as pessoas com esse estilo de apego acabam até se esquecendo de quem são para viver a vida do outro, com um crescente ressentimento nos bastidores de suas emoções, que mais cedo ou mais tarde irá explodir de uma forma muito disfuncional.

A inconstância da conexão no início da vida gera não só o risco do comportamento compulsivo, mas uma ansiedade excessiva em agradar para receber amor. São pessoas que acabam se esquecendo de si mesmas para agradar os outros, alimentando um ressentimento crescente por conta disso, porque necessitam de um vínculo. Essa carência afetiva influencia o modo como homens e mulheres dão espaço às emoções. Esse perfil ambivalente tem uma tendência enorme a viver no drama e a se tornar a própria emoção, sem uma perspectiva realista da vida e dos fatos. É como se pensassem: "Hoje você me ama, mas quando é que você vai me abandonar?".

Evitativo

Apesar da percepção de sinais de ansiedade extrema, as crianças, nos testes de Ainsworth, evitavam contato com as mães quando elas retornavam à sala. Pouca demonstração de emoção, no entanto, não implicava em menor sofrimento. Uma pessoa com perfil evitativo de apego costuma ter muita dificuldade de entrar em contato com as emoções, tanto as próprias como com as de outras pessoas, pois não se sentiu segura nos anos iniciais de vida nem teve os pais como uma espécie de porto seguro. Há o risco, aliás, de essas crianças se tornarem adultos hostis, alheios aos sentimentos dos outros, pouco empáticos e pouco dispostos a aprofundar vínculos. É como se fossem uma espécie de deserto emocional, sabe?

Nesse caso é diferente do apego ambivalente/ansioso por agradar, em que havia conexão, porém esta se interrompe várias vezes, não gerando constância. Aqui há pouquíssima conexão de qualidade, linguagem não alinhada à criança, e pouca sintonia em relação às necessidades do bebê. E, como nosso sistema é inteligente, ele se adapta, então ao invés de buscar conexão e se frustrar a tendência é se isolar no próprio mundo.

Se uma criança chama um amiguinho para brincar e o amiguinho sempre diz não, isso pode machucar muito emocionalmente a criança que busca conexão. Você acredita que a criança vai continuar chamando o amiguinho insistentemente, já que a resposta é sempre a mesma, ou ela se conforma e para não sofrer nem chama mais? **BINGO!**

Você está começando a perceber que aquele seu amigo que parece ser mais frio, pouco empático ou até mesmo muito durão, não está fazendo isso de propósito. É simplesmente uma adaptação em relação às próprias emoções que se iniciou muito cedo na vida. O sistema biológico dele não aprendeu a lidar com emoções negativas, então a adaptação foi tentar manter qualquer emoção o mais longe possível, para não causar mais sofrimento.

Eu costumo dizer uma frase: "Não expressar não significa não sentir", e você está se dando conta de que cada pessoa terá os seus próprios desafios e graus de complexidade quando o assunto são as emoções. Logo, para aprender a se relacionar com elas, cada pessoa terá que levar em conta as suas próprias peculiaridades. Mais à frente eu ofereço a você alguns exercícios que em alguma medida poderão ajudar.

Você já começou a perceber em qual estilo de apego se encaixa mais? Claro que temos algumas características de todos, embora tenhamos um predominante.

Desorganizado

É o resultado de um "mix" dos outros tipos de apego. Proposto pela psicóloga Mary Main, a criança com o perfil desorganizado é uma fonte de contradições. Ao mesmo tempo que não encontra segurança nos pais, tem que se vincular a eles de alguma forma para sobreviver. Ansiedade, raiva, medo e uma sensação iminente de ameaça à vida permeiam essa conexão. Para o sistema nervoso, é como pisar no acelerador e no freio até o fundo ao mesmo tempo.

Nesse cenário a criança não tem suas necessidades atendidas, pela ausência da sintonia e comunicação clara. A imprevisibilidade se torna constante, em meio a um caos. É um ambiente mais hostil e agressivo, em que o sistema nervoso tem de ficar o tempo todo alerta para sobreviver.

Lembro-me de um cliente que levou cerca de quatro atendimentos para conseguir fechar os olhos em nossas sessões de hipnose, e eu já sabia que seu pai havia sido alcoólatra, e que várias vezes ele presenciou o pai agredir verbal e fisicamente a mãe. Ele cresceu nesse ambiente sem saber o que esperar cada vez que o pai entrava pela porta, então seu sistema aprendeu a se tornar hipervigilante para sobreviver.

Quando eu validei que estava tudo bem ele permanecer de olhos abertos na sessão, pois isso tinha salvado a vida dele, uma parte dele podia estar alerta na sessão enquanto outras partes poderiam começar a experimentar a sensação de segurança e descanso. E quando ele começou a confiar e fechar os olhos eu o incentivava de vez em quando a abrir os olhos e checar se realmente tudo estava ok antes de fechar os olhos novamente e aprender que existem ambientes em que ele também poderia confiar, relaxar, e descansar.

Lembro-me de quão emocionante foram suas sessões, pois é como se o sistema biológico dele estivesse aprendendo uma habilidade nova, e estava mesmo. Pois no início da vida a mensagem era: Preciso me conectar para sobreviver, e ao mesmo tempo com quem eu tenho de me conectar me causa um pavor extremo.

> — Esse cenário realmente desorganiza todo nosso sistema biológico de conexão e homeostase na vida.

É válido ressaltar que algumas reações podem estar associadas a traumas e/ou abusos vivenciados na infância ou choques intensos ainda no período intrauterino. Na idade adulta há dificuldade de estabelecer laços profundos, apesar de um enorme desejo de fazê-lo. Dependendo do nível de desorganização e inconstância na primeira infância, existe o risco de prováveis problemas psiquiátricos.

Acho importante salientar que, na prática, nem sempre o apego e a forma como a criança entende que pode ou não contar com os pais são mecanismos literais, bem definidos e facilmente identificados. Na infância nós absorvemos, principalmente, aprendizados não verbais dos nossos pais. Nem tudo é explícito, muito pelo contrário, nós assimilamos sensações e emoções de uma maneira mais visceral e intuitiva.

Eu sei que todo esse material pode começar a mexer em algo bem profundo aí dentro de você. Então, não seria nada mau olhar ao seu redor, perceber sua respiração e buscar se conectar com a segurança deste momento.

Você está deitado ou sentado? É confortável o local onde você está? Consegue perceber seu quadril e costas recebendo apoio? Note como o ar chega gentilmente até suas narinas, lhe trazendo segurança e lembrando de que você está a salvo o suficiente agora :)

PRECISAMOS FALAR SOBRE EMOÇÕES, CANOS E REGRAS

"Aventurar-se causa ansiedade, mas deixar de arriscar-se é perder a si mesmo. Aventurar-se no sentido mais amplo é precisamente tomar consciência de si próprio."

Sören Kierkegaard

Meu objetivo, quando idealizei o *workshop* Emocionalmente, que deu origem a este livro, nunca foi ensinar as pessoas a lidarem melhor com suas emoções, nem as controlarem e muito menos mostrar como se livrar delas. O meu entendimento sobre liberdade emocional vai muito além disso. Após mais de uma década de atendimentos terapêuticos, individuais e em grupos, tocar minhas próprias emoções, leituras e estudos práticos e teóricos, compreendi que o caminho mais assertivo para que todo mundo possa conviver de uma maneira saudável com as próprias emoções é aprender a se relacionar com elas.

Num primeiro momento, se relacionar com as emoções parece algo estranho para você? É uma possibilidade, pois não é uma prática muito comum. Em geral, as pessoas não desejam se relacionar com o medo, com a raiva e muito menos com a tristeza, muito pelo contrário, no fundo elas desejam eliminar as sensações ruins que essas emoções trazem. A alegria já é uma emoção almejada, querida, mas até ela pede uma relação mais saudável em alguns casos, sabia?

Bom, para se relacionar de forma sadia com as suas emoções é preciso entender o que acontece na sua vida quando elas estão em desequilíbrio, quais são as regras que costumam permeá-las e quais as mensagens que cada emoção está trazendo para você. Sua perspectiva vai mudar, acredite. Observe atentamente a ilustração a seguir e depois escreva o que a imagem representa para você.

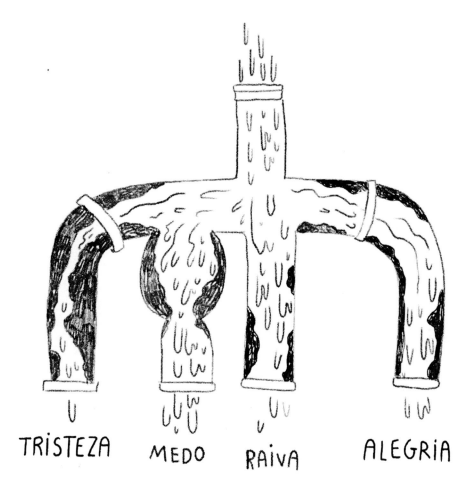

Para mim, a imagem representa

_____

_____

_____

_____

_____

_____

Guarde sua resposta com você. Ela é essencial para, provavelmente, você começar a desconstruir as ideias que você criou até aqui sobre emoções. Os canos representam o percurso que o fluxo natural das emoções básicas medo, raiva, tristeza e alegria deveriam percorrer. Quando há um bloqueio de uma dessas emoções, digo que o cano relativo a ela entope. Com isso, há um bloqueio do fluxo e todo o sistema se sobrecarrega. Eu não quero sentir essa tristeza, então esse cano se entope e o fluxo passa a sobrecarregar o cano da raiva, do medo e da alegria, por exemplo. Você já consegue mensurar o estrago que acontece quando alguém quer se sentir bem e alegre o tempo todo, não é?

O seu sistema emocional fica desequilibrado. Você passa a apresentar sintomas físicos e psíquicos que atrapalham a sua vida em vários campos: no trabalho, nos relacionamentos, nas interações com os filhos, nos momentos de lazer, nos instantes em que é preciso se perceber e aprimorar o conhecimento de si mesmo. Esses sintomas tornam as emoções disfuncionais – o sistema dos canos pode estar bloqueado, lembra? É comum, quando isso ocorre, acontecerem explosões de mau humor por coisas mínimas, agir por impulso, sentir uma ansiedade exacerbada, um medo paralisante diante de certas situações ou pessoas, chorar copiosamente, experimentar uma melancolia avassaladora ou uma euforia ímpar que leva a tomar decisões equivocadas. Medo, raiva, tristeza e alegria se perdem, se confundem e transbordam sem que você sequer entenda a razão por trás disso. O corpo também sente tudo isso.

Mas por que o cano entope? Aponto possíveis justificativas: reprimir as emoções, receio de entrar em contato com uma dor extremamente profunda, falta de aprendizado na infância sobre como se relacionar com as emoções e traumas. Esses mecanismos, acho válido ressaltar, são inconscientes.

Quando nos recusamos a sentir o que ocorre dentro de nós, nos recusamos também a deixar a vida seguir seu fluxo natural. Porém, se nos permitimos sentir e expressar nossas emoções de forma consciente e presente, deixamos a vida circular em nós e isso fortalece a nossa presença no mundo e nas conexões. Evitar emoções não é apenas uma atitude ineficaz, é um tiro no pé que pode provocar o chamado efeito rebote, aumentando o mal-estar e o desconforto em médio ou longo prazo. Eu quero convidar você a começar a pensar na possibilidade de aceitar as suas emoções.

Aceitar não significa tentar acalmar uma emoção ou se resignar perante o incômodo que ela causa em você, e muito menos sucumbir a elas. Medo, raiva, tristeza e alegria têm funções, propósitos e, principalmente, mensagens. Essas emoções indicam que algo precisa de sua atenção interiormente, uma parte de você precisa lhe contar algo importante que está acontecendo no mais íntimo do seu ser.

As pessoas tendem a separar as emoções entre positivas (alegria) e negativas (medo, raiva e tristeza), mas eu discordo dessa classificação. Não existe emoção ruim, feia, aceitável, bonita, favorável ou maléfica. A maneira como as percebemos, expressamos e nos relacionamos, sim, pode ser denominada como assertiva ou nociva. Todas elas fazem parte da nossa jornada de vida e, gostaria de informar, aprender a se relacionar com essas emoções não vai blindar você de não senti-las no futuro. No entanto, você vai sentir uma conexão maior com o que sente, sem se perder no meio de tudo isso, e entender que a emoção não pode dominar sua existência, sua rotina, seus planos. Mas ela faz parte de você.

Eu quero que você considere o seguinte exemplo: emoções que não são vistas são como cachorros maltratados, esquecidos e famintos presos em um porão, quando eles saem de lá, porque de vez em quando eles conseguem pular a cerca, eles não vêm com o rabinho abanando, mas sim reivindicando o que você está fazendo com eles.

Uma pesquisa científica feita na Alemanha em 2016 ilustra bem os conceitos com os quais trabalho. A ideia do estudo foi observar as vantagens de se aceitar a negatividade. Cientistas acompanharam cerca de 400 voluntários durante três semanas. Nesse período, checaram, por meio de mensagens no celular, como estava o humor deles. Antes, os estudiosos haviam perguntado como essas pessoas lidavam com as emoções tidas como negativas: se elas aceitavam como parte da vida, ficavam frustradas, sofriam etc. Realizaram, ainda, uma avaliação de bem-estar físico e emocional

Ao longo das três semanas, todos os participantes vivenciaram emoções que consideram boas e outras ruins. Quem aceitou melhor a raiva e a tristeza, porém, teve menor impacto na saúde física e mental. Essas pessoas não se deixaram envolver pela bola de neve das emoções, que consiste em ficar com mais raiva ainda por sentir raiva e se entristecer cada vez mais com a própria tristeza.

As 3 Regras

Para reconhecer o que há por trás das emoções e seus sintomas e, a partir disso, manter um relacionamento saudável com tudo o que você sente, entenda primeiro que todos nós, de uma forma ou de outra, somos influenciados por três tipos de regras inconscientes que nem sempre estão claras. Vou exemplificar, para você entender melhor:

Regras socioculturais

> "Fiz, então, o que sabia fazer. Agora que eu sei mais, faço melhor."
>
> Maya Angelou

São as regras que a sociedade e a cultura infligem na gente, mesmo que não sejam ditas de forma explícita. Em muitas culturas, por exemplo, o homem precisa ser forte e assumir o papel de provedor.

No Japão, muitas famílias se decepcionam quando nasce uma menina e o primogênito homem é bastante esperado. É um país em que o perfeccionismo é extremamente valorizado. Não é permitido falhar e isso é arraigado até nas crianças e nos adolescentes. Não é à toa que existe uma floresta, Aokigahara, conhecida como "o bosque dos suicídios". Dezenas de pessoas, que não conseguem suportar a pressão, vão ao local para tirar as próprias vidas.

As regras socioculturais também incluem as questões de gênero. Homens e mulheres expressam as emoções de maneiras diferentes por conta, principalmente, da ideia de que homens são mais ousados e agressivos (são "autorizados" a expressar a raiva) e as mulheres são mais sensíveis e emotivas (não são julgadas quando ficam tristes e choram). Para uma mulher é mais fácil expressar e sentir a sua própria tristeza do que um homem, que por sua vez terá mais facilidade em expressar a raiva, em contrapartida será mais desafiador aceitar a sua própria tristeza. Posição social e cargos também fazem parte do jogo.

Certa vez vi uma mulher que estava na frente do assassino de seu filho, alguns dias após o acontecido. E dizia a ele que o perdoava pelo que ele havia feito. Você consegue imaginar a dor de uma mãe tendo seu filho assassinado? Então talvez você se pergunte por que ela estava "dizendo" que o perdoava? Ela era uma pastora conhecida de certa religião, e essa regra de perdoar era o que se pregava naquela determinada religião.

E nos perguntamos...

Onde fica a dor dessa mãe que perdeu seu filho? Claro que ela existe, mas a posição social que ela ocupa cria uma regra que a impede, ou não permite sentir a dor de ter perdido o filho. Claro que isso irá gerar enormes problemas emocionais mais tarde.

Já atendi a muitos terapeutas e psicólogos que não se permitiam estar "mal", ter problemas emocionais, pois ocupavam uma posição social em que não se pode mostrar fragilidade, afinal de contas eles entendem de emoções. E isso acentuava os problemas emocionais em questão.

Você começa a perceber o quão forte e danoso é isso?

Um estudo feito por pesquisadores norte-americanos em dezembro de 2015 reuniu cerca de 38 mil fotos de álbuns de formatura desde o ano 1910 até 2000 e, entre tantas coisas, o que chamou a atenção dos pesquisadores foi como o sorriso foi ganhando mais espaço com o passar do tempo.

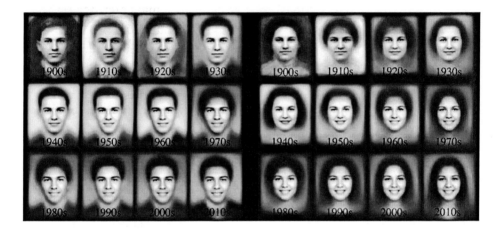

É incrível o poder das regras sociais, não é? Talvez possamos pensar que hoje temos mais liberdade de sorrir. Mas, e se eu colocasse uma pulguinha atrás de sua orelha dizendo: será que hoje não somos obrigados a sorrir o tempo todo? Iremos nos aprofundar nisso quando falarmos de tristeza, ok?

Vou deixar aqui alguns exemplos dessas regras, e ao final complete com o que acontece dentro de você:

- Sou um(a) líder, não posso fraquejar.
- Trabalho com o público, preciso me mostrar sempre alegre.
- Homem não chora.

- Homem deve ser forte.

- Mulheres devem ser resignadas diante das dificuldades.

- Mulheres são mais sensíveis do que os homens.

- Mulheres se debulham em lágrimas por qualquer motivo.

- Chorar é para os fracos.

- Sou brasileiro e não desisto nunca.

Gostaria que você começasse a considerar que, antes de qualquer posição social ou cargo que você exerça, antes de mais nada, você é um SER HUMANO!

Regras familiares

"Adultos são só crianças obsoletas."

Dr. Seuss

Como os seus pais costumam expressar as emoções? Na sua casa era permitido sentir tristeza? E raiva? Emoções eram permitidas, ou não? As regras familiares são transmitidas de geração para geração por meio de mensagens diretas e indiretas. Não se trata de uma ação proposital, às vezes os pais nem se dão conta de que aquilo que dizem aos filhos pode provocar um bloqueio emocional e outros problemas que irão influenciar a permissão ou a falta dela para dar espaço às emoções, pois estão simplesmente replicando o próprio aprendizado sobre as emoções. Eles aprenderam a agir assim, por influência antes de tudo da cultura, como vimos acima, de seus próprios pais e das experiências dos antepassados, e perpetuaram o aprendizado sem nem mesmo perceber. A boa notícia é que estamos começando a desvendar essas regras, tornar concreto aquilo que era invisível. Você está começando a desvendar quais são as regras envolvidas na percepção de suas emoções.

Lembro-me quando em algumas competições eu perdia e chorava bastante e ouvia de meus pais que chorar não ia me fazer bem, pois eu iria atrair muitas coisas ruins e iria me sentir derrotado. Mensagens diretas e explícitas são mais fáceis de perceber a princípio. Se você se lembrar um pouco de sua infância, talvez se lembre de ter ouvido algumas frases como essas:

ALGUNS EXEMPLOS DE MENSAGENS DIRETAS:

- Engole esse choro.

- Você chora por tudo!

- Você é fraco(a) demais!

- Não dá para conversar com você enquanto estiver fazendo birra.

- Para de rir agora mesmo!

- Criança bonita não sente raiva.

CONTINUE A LISTA COM O QUE VOCÊ OUVIA NA SUA INFÂNCIA:

-
-
-
-

Enquanto escrevia este livro, atendi uma garotinha de 8 anos a quem vou chamar aqui de Helena, para preservar sua identidade. Eu já atendia os pais dela e um dia Sonia, a mãe, me procurou para pedir ajuda. Por causa de situações envolvendo *bullying* com a filha, Sonia tinha trocado Helena de escola recentemente. A menina, no entanto, tinha uma melhor amiga na antiga escola, a Alice, a quem chamava de BFF (*Best Friend Forever*), e sentia muita saudade da amiga.

Helena chorou dias e dias por sentir falta da amiguinha e a mãe, para consolá-la, dizia frases como "Vai passar", "Logo você encontra outra coleguinha", "Bola para frente", "Não chora, não, logo isso melhora" e outras do tipo.

A intenção de Sonia era boa, claro. Ela ama a filha incondicionalmente e não queria vê-la sofrer. No entanto, em vez de criar um espaço seguro para Helena expressar a dor, sem perceber transmitia a ideia de que não se deve sentir tristeza porque a tristeza é ruim. As próprias regras de Sonia sobre sentir-se triste transbordaram, e essa foi a forma como ela interagiu com as emoções da própria filha. Você se lembra de que eu citei que eu já acompanhava os pais de Helena na terapia? Eu já conhecia algumas regras dos pais sobre a tristeza, consequentemente a falta de espaço que ela tinha em seu sistema familiar. Voltaremos a essa história mais à frente.

Agora vamos falar um pouco sobre as mensagens indiretas que também são percebidas pelas crianças e criam aprendizados inconscientes muito profundos sobre as emoções. Atendi uma paciente jovem, de 23 anos, com duas filhas pequenas, que se separou e enfrentou diversas dificuldades em função disso. O ex não pagava a pensão em dia e ela teve que entrar na Justiça para receber o que era de direito das crianças. Para piorar, tinha perdido o emprego. Um dia, enquanto chorava sozinha no quarto, a filha mais velha (de 4 anos) entrou de repente no local e, obviamente, perguntou por que a mãe estava triste. Minha cliente secou as lágrimas e respondeu: "Nada, filha, não está acontecendo nada". Nesse caso, a mãe estava tentando poupar as crianças do sofrimento, o que é um instinto natural, mas que pode não ser a melhor forma de abordar as crianças. Aqui é transmitida uma mensagem conflituosa, ou seja, existe a ação: a mãe está chorando, isso é uma mensagem, e logo a mãe diz: "Não está acontecendo nada". Logo, isso abre espaço para que a criança tire as próprias conclusões sobre o que está acontecendo, uma vez que ela não apenas ouve o que a mãe diz, mas também vê e sente o que está acontecendo.

Em centenas de outros casos, atendi adultos que regredidos ao momento da infância, a mensagem interpretada pela criança era: "tenho que ser forte o tempo todo, não posso dar espaço às minhas emoções". Então, em casos como esse, sempre há o risco de os pequenos interpretarem essas mensagens conflituosas e criarem as próprias regras e diretrizes sobre as emoções e como reagir a elas, como, por exemplo: "não posso chorar", "tenho que ser forte", "não devo demonstrar minha tristeza e minhas fraquezas" etc.

Conversar e explicar de forma clara e congruente à criança o que está acontecendo, e que juntos e como família irão encontrar um modo de atravessar isso, pode ser muito fortalecedor, tanto para o vínculo familiar quanto para o aprendizado de que é ok sentir o que se sente.

Tenho direito de sentir o que sinto

Diferentemente das mensagens diretas, as indiretas são mais difíceis de serem percebidas e lembradas, então quero convidar você por um momento a parar a sua leitura e tomar um tempinho para se interiorizar, e repetir em voz alta para que seus ouvidos possam ouvir a sua voz:

"Eu tenho a permissão de sentir o que eu sinto."

Repita isso algumas vezes, falando em um tom mais alto, depois mais baixinho, depois sussurrando para seus ouvidos ouvirem, e encontre a tonalidade e o ritmo certo para você, e assim cada célula do seu corpo vai ouvir essa frase, e eu o convido a perceber de que maneira o seu corpo físico e o emocional reagem a isso.

Existem lembranças que vêm à tona? Lágrimas visitam seus olhos? Surge um aperto na garganta ou qualquer outra sensação no seu corpo?

Sempre que eu faço esse exercício em meus trabalhos terapêuticos, eu noto que muitas pessoas começam a despertar para a percepção do quanto partes delas se sentem tolhidas, caladas e presas.

Regras próprias

" O porão no qual você tem mais medo de entrar é aquele que guarda o tesouro que você procura."

Joseph Campbell

Tomando como exemplo a situação anterior, da criança que flagrou a mãe chorando, a partir das nossas experiências de vida vamos criando significados para as coisas e adotando regras para nossas emoções. Num atendimento que fiz, a paciente estava regredida na infância e se lembrou de uma situação vivenciada quando tinha 5 anos de idade. Ela ouviu a tia, que sofria de transtornos mentais, falar para a mãe: "Se você tiver outro bebê, eu mato você!" Aquilo a tocou tão forte, ela sentiu tanto pavor que, quando veio até mim, tinha medo de sentir medo. Sim, isso mesmo! Ela criou uma regra própria que pregava que ela não deveria vivenciar o medo nunca. Porém, se tornou a própria emoção e vivia amedrontada, experimentando sintomas da síndrome do pânico. Note que, aqui, não foi dito nada diretamente a ela – foi uma experiência que ela observou e tirou as próprias conclusões a respeito do que ela sentiu. O medo foi tão aterrorizante que ela não queria voltar a sentir mais aquele pavor.

Aqui vou me aprofundar um pouquinho mais. Como por meio do meu trabalho tenho contato constante com pessoas voltando às experiências no início da vida, vou contar um entre milhares de casos similares.

Uma cliente, regredida à experiência intrauterina, constatou que a mãe havia tentado abortá-la diversas vezes. A experiência e o pavor experimentados pela ameaça constante de quase ter sido aniquilada posteriormente criaram um bloqueio em relação às emoções, como se a definição de: "eu tenho que ser forte para sobreviver" já fosse estabelecida ali. Isso dificultava muito se abrir às próprias emoções. Para ela, sentir as próprias emoções inconscientemente era reviver a dor enfrentada naquele momento específico, minha cliente travava uma batalha constante e diária, tentando excluir o medo de sua vida. Ela não chegou a se paralisar diante dos desafios da vida, mas permanecia numa luta constante consigo própria, se forçando a ser forte o tempo todo e vivenciando, mais tarde, uma depressão profunda.

Em termos gerais, situações difíceis e traumas vivenciados tanto no período gestacional e no nascimento quanto na infância são tão profundas e avassaladoras, pois não temos muitas defesas, que a pessoa cria uma regra própria (inconsciente) para não acessar suas próprias emoções, dá uma sensação de que acessar isso é o mesmo que vivenciar aquela dor extrema novamente. Então, mesmo já sendo adulto, a bioquímica e as sensações físicas vêm das vivências daquele tempo lá atrás. Esse mecanismo é conhecido como *memória e comportamento dependente de estado* – não existe na consciência da pessoa separação entre o passado e o presente porque ela não faz relação com as sensações vivenciadas no agora que tiveram início lá atrás. Quando damos início a uma jornada dentro de nós, por meio de nossas emoções, podemos trazer para a consciência as experiências antigas e criar um espaço para elas no hoje, em outras palavras, podemos reagir no presente de forma diferente. Aquilo aconteceu lá atrás e isso aqui é agora.

Quando eu era adolescente, nós adotamos um cachorro, embora tivéssemos muito carinho e amor por ele, cada vez que minha mãe pegava a vassoura para limpar a casa, ele se escondia em um cantinho da sala com olhar aterrorizado, e seu corpinho tremia sem parar. Eu acredito que, assim

como eu, você imagine a história desse cachorrinho antes de chegar até nossa família. E mesmo que nenhuma vez nós sequer o ameaçamos com uma vassoura ou qualquer outro objeto, o corpo dele armazenou aquela experiência, que pode ter acontecido uma vez, de uma forma muito intensa, ou diversas vezes, até o ponto de ver a vassoura e se paralisar de medo.

Esse comportamento acontecia cada vez que um humano pegava um cabo de vassoura, ou seja: a reação de ficar assustado, se esconder e tremer, eram memórias do que aconteceu lá atrás.

Essas experiências precisam ser percebidas com os olhos do presente, ou seja, eu estou a salvo aqui e agora. Embora essas vivências sejam apenas memórias, *flashbacks* emocionais e somáticos, interpretações e aprendizados ficaram armazenados de forma incompleta e incorreta. O desafio aqui é fazer relação com algo de que não se tem a lembrança consciente, que em sua maioria são memórias intrauterinas e da primeira infância.

Você começa a perceber e compreender a complexidade dessas regras criadas acerca das emoções? Pois elas se misturam e se combinam formatando exatamente o modo como você lida com suas emoções cada vez que são despertadas dentro de você.

Certa vez eu estava trabalhando com uma cliente que havia regredido em memórias intrauterinas, das quais ela havia levado um tempo para acessar na profundidade em que estávamos, eu me lembro de ter trazido a seguinte analogia: é como se fôssemos arqueólogos das emoções. Assim como a arqueologia estuda a história por meio de várias camadas abaixo da superfície, com as emoções acontece o mesmo, você não ter consciência disso, ainda, não significa que não exista.

Outra cliente, que já havia feito alguns trabalhos em nosso instituto, chegava em certo ponto de sua experiência no qual ela declarava que havia emoções dentro dela, porém não conseguia chorar, isso se repetiu durante vários trabalhos. Eu a convidei para participar da Vivência Pré e Perinatal, que é uma experiência em que passamos 3 dias num retiro em um número limitado de pessoas com o intuito de acessarmos aprendizados e memórias desde a nossa gestação.

Quando essa cliente regrediu ao útero materno ela tocou um ponto em que declarou que não podia chorar, pois se ela chorasse estaria traindo sua mãe. Uma breve explicação aqui é que quando estamos crescendo no útero materno nos conectamos às dores emocionais não elaboradas de nossa mãe. E isso havia acontecido com ela. E, por sentir que a mãe sofria muito e não podia chorar, aquele bebê, crescendo ali dentro, tomou a decisão de que também não poderia chorar, pois se o fizesse estaria traindo a mãe. Como eu já a havia acompanhado em muitos processos terapêuticos, percebi o quanto aquilo era profundo para ela, e lhe foi dito: "Agora você pode chorar, agora é permitido". Isso foi repetido algumas vezes, e como você pode imaginar as lágrimas começaram a escorrer por seus olhos, foi uma experiência muito emocionante para todos que estavam ali. Você consegue perceber a profundidade dessas regras que nos impedem de sentirmos nossas emoções? Elas podem ter sido criadas tão cedo quanto no início de nossa jornada no útero materno.

Morei durante um tempo em Cuba, quando era atleta profissional, e antes de viajar para lá fiz muitas pesquisas sobre a ilha, estudei, vi mapas etc. Já vivendo lá, obviamente percebi que, de perto, eram ruas e bairros como outros quaisquer, nada dava a impressão de que eu estava em uma ilha, nem mesmo quando fui à praia, pois parecia uma praia como no Brasil. Na minha partida de volta para o Brasil, ainda com o avião decolando, era uma manhã de um lindo dia de sol e céu azul sem nenhuma nuvem, observei a ilha a distância e tive outro ponto de vista. Pude ver tanto o contorno da ilha como identificar ruas e lugares em que havia estado, ou seja, eu não estava tão distante quanto como se eu estivesse apenas olhando o mapa, e tampouco era como se estivesse dentro da ilha.

No que diz respeito a se relacionar com as emoções, não posso me relacionar com elas apenas na teoria, seria o mesmo quando eu apenas li a respeito de Cuba, vi os mapas etc. Nesse caso seria tentar interpretar, analisar e julgar as emoções. Quando estou na ilha, ou melhor, dentro da emoção, também não a vejo claramente, pois é como se eu estivesse revivendo, como já vimos, uma experiência do passado como se estivesse acontecendo agora. Somente da perspectiva do avião, ou seja, da distância correta, é que consigo avistar os detalhes, identificar particularidades, observar as minúcias e me relacionar com as emoções. Aqui é o estado de ser uma testemunha compassiva, estar presente sem tentar excluir e interpretar, sem julgar boa ou ruim, mas sim tocar a emoção sem perder o contato com a realidade. Tente imaginar algo assim a partir de agora.

ESTRATÉGIAS DE EVITAÇÃO

Muitas pessoas, ao tentarem não entrar em contato com a origem das próprias emoções, acabam buscando refúgio em elementos distratores. Dessa forma, se entretêm com outras atividades e fingem para si mesmas que aquela dor emocional não está latejando e empatando a vida. Acontece que muitas dessas estratégias de evitação acabam se revelando nocivas, compulsivas e precursoras de vários outros problemas, formando um ciclo tóxico. Eis alguns exemplos:

- Fumar um cigarro atrás do outro

- Comprar por impulso, mesmo sem ter dinheiro ou não precisando daquilo

- Jogos de azar

- Atividades físicas exaustivas e sem critério

- Álcool em excesso

- Dormir para esquecer os problemas

- Passar a noite em claro diante da TV ou compulsões por séries e filmes

- Tomar medicamentos para induzir o sono

- Sexo desenfreado e muitas vezes promíscuo

- Uso de drogas ilícitas

- Comer de forma compulsiva

- Só querer ver o lado positivo das coisas (Síndrome de Pollyana)

- Se isolar

- Fantasias em relação a uma vida plena

CONTINUE A LISTA COM OUTROS COMPORTAMENTOS QUE VOCÊ PERCEBE UTILIZAR PARA SE DISTRAIR DE SUAS EMOÇÕES:

-
-
-
-
-
-
-
-
-

CARA A CARA COM O MEDO

"O medo é como um nevoeiro gigante. Ele toma conta do seu cérebro e bloqueia tudo – os sentimentos reais, a verdadeira felicidade, a verdadeira alegria. Eles não conseguem atravessar esse nevoeiro. Mas, se você o dissipar, amigo, terá a maior alegria da vida."

Bob Diamond, no filme Um Visto para o Céu

Quero começar por uma emoção que todo mundo já sentiu, sente e continuará a sentir ao longo de sua história - o livro fala de emoções básicas, lembra? O medo tem uma função muito importante para nós, humanos. Sabe qual é? Se você pensou "nos livrar do perigo", acertou. Porém, é muito mais do que isso: o medo serve para nos alertar frente a situações novas, inusitadas e, claro, potencialmente perigosas, e o mais importante: preservar a vida. Assim, a principal função do medo é garantir a nossa sobrevivência.

Se você está dirigindo à noite em uma estrada desconhecida e começa a chover, qual sua reação? Você vai redobrar a atenção, talvez até diminuir o som da música que está tocando, guiar mais devagar, não arriscar nas curvas. Em uma situação de provável perigo, o medo lhe diz para agir com prudência, o Sistema Nervoso Autônomo (SNA) vai entrar em ação: suas pupilas vão dilatar, o cortisol vai se elevar, a adrenalina vai deixá-lo mais alerta. E é incrível que isso aconteça, porque com atenção redobrada e todo o seu sistema em alerta você será mais cauteloso e atravessará a situação. Outro cenário seria, ao invés de redobrar a atenção, você entrar no impulso do medo, parar o carro no acostamento e começar a chorar e gritar desesperadamente, dessa forma você irá se paralisar. Isso não o ajudará em nada.

Se o último exemplo é o seu caso, tenho certeza de que você já sabe que isso não o ajuda em nada e o que você mais quer é se livrar do medo, e que isso nunca mais aconteça em sua vida, estou certo? E se eu lhe falasse que é justamente aí que está o problema? Querer se livrar do medo!

> Tá bom Manoel, então como faço para não sentir mais isso que está paralisando a minha vida?

Lembra que cada emoção tem mensagens muito profundas para nós? E que cada um tem suas próprias regras sobre as emoções e também carregamos experiências únicas de vida? Quando eu era atleta profissional, o que eu mais tentava fazer era esconder de mim mesmo o medo que sentia em competir e perder, afirmando que eu não sentia medo. É claro que na hora da competição eu não conseguia, muitas vezes, controlar meu corpo que já havia passado do estado de alerta e entrava na paralisação, fazendo com que minha performance fosse muito aquém do que eu realmente poderia desempenhar. Hoje eu sei a imensidão de regras que havia em mim sobre o medo, não permitindo que eu pudesse ouvir e compreender o que estava acontecendo no mais íntimo do meu SER.

O medo, em geral, ainda garante a antecipação do risco. É um aviso: tem algo ali que pode machucar você. Isso pode ocorrer a partir de experiências vivenciadas. Quem já queimou a mão numa panela com óleo quente ou em um ferro de passar roupa ligado sabe muito bem do que estou falando, da próxima vez que manusear uma panela ou um ferro, o fará com muito mais cuidado.

Em condições mais extremas, no entanto, o medo pode paralisar. Recentemente atendi uma paciente que, aos 18 anos, perdeu o namorado em um acidente de moto. E agora, com 35 anos, prestes a tirar a carteira de habilitação, ela começou a ter pesadelos e outras reações ao iniciar as aulas na autoescola. A vivência passada retornou para o presente e, em vez de funcionar como um aviso de cautela, o medo passou a paralisar a vida dela. Vale ressaltar que ela não tinha a consciência dessa associação mais profunda sobre esse acidente com o namorado da época e os pesadelos e sensações de paralisação que estava sentindo. Nós fomos desvendando isso em nossas sessões. Ela simplesmente se frustrava com a sensação de medo e se culpava por não ser boa o suficiente nem para aprender a dirigir.

A função do medo é dizer que algo é perigoso, mas quando uma pessoa chega nesse nível de paralisação, a emoção deixa de ser funcional. E você está começando a perceber que no fundo o medo só estava tentando protegê-la de se machucar, porém o medo estava sendo associado à experiência traumática que ela teve 17 anos atrás. O medo é assim: as histórias se misturam e o passado afeta o presente. Em casos mais extremos e que envolvem traumas é importante o auxílio de um profissional habilidoso no manejo de experiências traumáticas.

O medo também pode ser definido ainda como uma resposta biológica. Todo o corpo fica em atenção e logo reações fisiológicas preparam o organismo para lutar ou fugir. O coração acelera, a respiração fica acelerada e os músculos se contraem. Há, porém, quem fique paralisado de medo e não consiga reagir. Imagine um assalto, por exemplo. As pessoas costumam responder à circunstância de maneiras distintas: há as que entregam imediatamente a carteira e o celular, as que se congelam e ficam sem reação e outras (felizmente, em número menor!) que tentam imobilizar o ladrão ou até mesmo atacá-lo.

O medo nos ajuda a sobreviver, mas a relação, na verdade a falta de relacionamento, que temos com essa emoção pode atrapalhar bastante a nossa vida. Existem alguns medos enraizados que podem, como você já viu no capítulo 2, ter surgido na infância ou até mesmo dentro do útero. Na idade adulta, quem não mantém um bom relacionamento com o(s) próprio(s) medos pode agir de duas formas. A primeira é ter medo de tudo – quando o medo é apenas instinto, há perda do controle da emoção e ocorre somente a reação, você se torna o medo. A segunda é tentar combatê-lo a todo custo, repetindo várias vezes para si mesmo que tem coragem, negando que o medo existe dentro de você. Nos dois casos isso pode ser disfuncional. Em um lado você irá viver paralisado, e em outro vai ter que provar que é forte o tempo todo para a vida e para o mundo, e ser forte o tempo todo, você já sabe, é exaustivo.

E, para ambos, estar de frente com o medo é o melhor jeito para se dar bem com ele.

VOCÊ CONSEGUE IMAGINAR UMA MANEIRA DE SE RELACIONAR COM O MEDO QUE NÃO SEJA POR MEIO DESSES DOIS EXTREMOS?

TOME UM TEMPINHO PARA PENSAR E ESCREVA ABAIXO

Não se preocupe, o caminho que tracei para você começar a se relacionar com seus medos é lúdico e descomplicado. Comece por um exercício básico para, digamos, explorar o território. Vamos lá?

> "A arte é a mentira que nos permite conhecer a verdade."
>
> **Pablo Picasso**

Faça de conta que essa é a sua silhueta e assinale: onde você sente o medo em seu corpo?

COMO O MEDO SE EXPRESSA EM SEU CORPO?

Marque um x nas alternativas que expressam o que você costuma sentir:

( ) Garganta seca

( ) Nó na garganta

( ) Frio na barriga

( ) Respiração ofegante

( ) Pernas trêmulas

( ) Pernas paralisadas

( ) Dentes rangendo

( ) Tremores

( ) Mãos geladas ou suando frio

( ) Impressão de sangue "congelado" nas veias

( ) Aperto no peito

( ) Coração acelerado

( ) Frio na espinha

( ) Sudorese repentina

( ) Dor de estômago

( ) Latejar na cabeça

( ) Náuseas

( ) Tontura

( ) Fala mais rápida, com tiques de linguagem e/ou interrompendo os outros

( ) Pensamentos pessimistas sobre o futuro (próximo ou distante)

JOGO DA VERDADE

Responda com a máxima sinceridade:
Você sente que alguma área da vida está estagnada e, por mais que você queira, não consegue se arriscar para mudar a situação?

_____

_____

_____

_____

_____

_____

FAÇA UMA LISTA DAS 10 ÚLTIMAS VEZES QUE VOCÊ PASSOU COMO UM
TRATOR POR CIMA DO SEU MEDO:

1.

2.

3.

4.

5.

6.

7.

8.

9.

10.

QUAIS SÃO OS SINTOMAS QUE VOCÊ COSTUMA EXPERIMENTAR QUANDO
REPRIME O MEDO?

O corpo reflete o medo

Conseguiu perceber? Muito além da experiência cognitiva, o corpo emite uma série de sinais quando sentimos medo. Quando você começa a se abrir para se relacionar com o medo, realizando esses exercícios, você vai se conscientizando das histórias que existem por trás da sua emoção. É comum memórias e sensações virem à tona – podemos chamá-las também de impressões – de vivências muito precoces, talvez até intrauterinas.

Há alguns anos eu vivi, literalmente, o medo no corpo quando decidi me aventurar na tirolesa mais extensa da América Latina, que fica em Pedra Bela, no interior de São Paulo. São 1.900 metros de extensão. Para pegar mais impulso é preciso dar um *sprint*, que, em atletismo, consiste em correr o mais rápido possível por uma distância curta predeterminada. Na hora em que corri, já com todo o aparato de segurança, congelei. Meu corpo não respondia aos comandos da minha mente e fiquei ali, parado, agarrado ao cabo de aço da descida – só que sem descer.

Vi a minha vida passar diante dos meus olhos. O que aconteceu comigo? O cérebro emocional e o cérebro reptiliano, as partes que envolvem os mecanismos mais primitivos de sobrevivência, identificaram a situação de perigo e fizeram com que meu corpo paralisasse. O medo surge de uma região cerebral encarregada dos instintos mais primários e do sistema límbico, que regula as emoções. Meu inconsciente reconheceu o perigo, todas as histórias associadas à altura, e tentou me proteger, fazendo meu corpo reagir como reagiu. Após alguns instantes consegui me lançar na tirolesa, mas só consegui relaxar e soltar as minhas mãos suadas do cabo de segurança para curtir a experiência lá pelos 200 metros finais do percurso, mas antes experimentei todo um repertório de pensamentos do que poderia dar errado naquela experiência, um palpitar muito forte do coração, além de uma sensação de entorpecimento pelo corpo.

Esse congelamento também costuma ocorrer com pessoas que precisam ministrar uma palestra, fazer uma apresentação na escola ou voar de avião. O que fazer? Começar a ouvir como o medo acontece e negociar com ele. Entender que a reação tem a ver com as partes primitivas do seu cérebro e sair do estado de terror, perceber o corpo sem se tornar a emoção e as sensações.

> "Não é o peso da carga que o derruba.
> É o modo como você a carrega."

> C. S. Lewis

É importante explicar que medos exagerados sempre têm bons motivos para existirem. Mesmo aqueles que à primeira vista parecem irracionais têm histórias por trás. No meu caso, após a experiência com a tirolesa, todas as reações que tive me trouxeram a magnitude do quão forte era o meu medo de altura. E a partir de exercícios como esses que estou direcionando você, meus estudos sobre psicologia pré e perinatal, descobri que a interpretação de altura para mim tinha a ver com questões muito profundas envolvendo experiências ainda no útero da minha mãe.

Outro exemplo significativo é o de Adriana, cliente que sentia um verdadeiro pavor de baratas. Só de ouvir o nome do bichinho, já passava mal. Durante o processo terapêutico, compreendi que a barata, para Adriana, tinha a simbologia implícita da morte. Ela sofreu de hipóxia intrauterina, uma condição em que o feto tem o cordão umbilical enrolado em volta do pescoço. Por conta disso, quase morreu asfixiada, nasceu prematura e passou muito tempo em uma incubadora. Se o medo tem a função de preservar a vida, para Adriana a barata representava a morte, uma simbologia do inconsciente, processo descrito pelo psiquiatra austríaco Sigmund Freud (1856-1939). Freud coloca que o sintoma fóbico surge para diminuir a angústia de castração. O medo de Adriana foi deslocado para a barata, inseto do qual ela tinha pavor. Assim, ela restringe a situação da angústia pela experiência no nascimento ao encontro com a barata (e com aquilo que se associa a barata), que pode ser evitado, em contraste com a situação real que ela vivenciou, do qual ela não poderia fugir. Além de a fobia permitir que o sujeito contorne a angústia e possa evitar o confronto com ela, é uma defesa porque na escolha de um objeto (barata) dá-se uma significação para a irrupção de angústia (afeto sem representação), transformando-a em medo, o que é mais bem tolerado pelo sujeito.

É claro que a elaboração racional é importante, mas a parte fisiológica não pode ser deixada de lado, tampouco excluída. Entender o que se passa no corpo no momento do medo – ou lembrando-o – e buscar recursos para se acalmar são ações fundamentais. Após uma série de conversas e exercícios, na segunda sessão do tratamento terapêutico Adriana já segurava uma barata de borracha nas mãos. Nossas sessões se desdobraram visando muito mais a aspectos somáticos e emocionais do que somente uma interpretação cognitiva.

Lembra que as emoções também estão no corpo? Por esse fato não adiantaria apenas Adriana saber que o medo exagerado de baratas estava relacionado à experiência traumática intrauterina, pois seu corpo continuava reagindo da mesma forma, e por isso nosso trabalho nas sessões se direcionou a ajudar o corpo a liberar aquelas sensações assustadoras.

Imagine que você conta uma história assustadora para uma criança todos os dias, e mesmo que seja apenas uma história inventada ela passa a criar imagens e significado para aquilo tendo como reação o medo, ou seja, nós também podemos criar medos imaginários a partir de outras experiências que vemos, ouvimos e sentimos. Você pode começar a ver noticiário em que são mostradas muitas tragédias e você não querer sair mais de casa com medo de ser assaltado, uma dor no peito ou as mãos frias podem desencadear pensamentos e imagens internas de que você está infartando, um amigo seu pode contar uma história horrível de algo que ele tenha visto ou passado e você criar imagens vívidas em sua mente de todo aquele cenário e começar a sentir um pavor extremo.

Regras sobre o medo

Já falei sobre como as regras e suas mensagens diretas e indiretas influenciam nas emoções. Em relação ao medo, essas regras têm papel determinante. Na minha família, por exemplo, o medo nunca foi uma emoção aceitável. Nunca tive espaço para expressar o meu medo. Durante os anos em que atuei como atleta profissional, por diversas vezes senti medo, muito medo. Enfrentei, pois tinha de competir, mas nunca dei vazão de fato a ele. Resultado: adoeci de uma depressão profunda. Felizmente, estou curado e muitos dos passos que eu dei estou compartilhando aqui com você, e hoje sei exatamente o papel que o medo tem na minha vida e me relaciono bem com ele.

É claro que, na infância, a maioria dos pais diz "tenha cuidado" em vez de "vai lá, arrisque-se!" ou "isso mesmo, suba no galho mais alto da árvore". Eles têm a obrigação de proteger seus filhos e preservar suas vidas. No entanto, algumas frases podem reprimir o medo e provocar consequências nocivas no futuro. Em geral, os meninos são mais controlados nesse sentido. Aí entram em cena também as regras socioculturais que, até hoje, fazem distinção entre os gêneros. "Tá com medo por quê? Você é uma menininha, por acaso?".

Nós também aprendemos sobre o medo por meio da observação: como seus pais lidavam com o medo? Leve em consideração também que pais superprotetores privam os filhos de experiências desafiadoras que preparam todos nós para uma vida adulta, afinal de contas, a vida traz muitos desafios.

Tomar consciência dessas regras é um passo essencial para não se deixar guiar por elas. Primeiro responda: havia permissão para sentir medo em sua família?

IDENTIFIQUE E ANOTE AQUI OS MEDOS DOS SEUS PAIS:

pai   mãe

- •   - •
- •   - •
- •   - •
- •   - •
- •   - •

AGORA, GRIFE OU CIRCULE AQUELES QUE TAMBÉM PERCEBE EM VOCÊ.

Quando você reconhece o medo, o desarma

Eu tive uma paciente, vou chamá-la aqui de Carla, bastante famosa no ramo de micropigmentação facial. Ela era referência na área, foi campeã mundial em um ano e vice mundial em outro. Um dia, Carla chegou bem nervosa na sessão de terapia. Por causa da repercussão positiva de seu trabalho, ela começou a ser convidada para ministrar palestras e se sentia apavorada só de pensar em falar para um público grande.

Como eu a seguia nas redes sociais, lembrei-me de um *post* dela em que ela comemorava o número de micropigmentações que já havia realizado – uma marca impressionante de mais de 30 mil! Perguntei para ela: "Você já fez mais de 30 mil micropigmentações, certo? Certamente, a técnica de hoje é bem melhor do que a do início da sua carreira, não é mesmo?". "Sim, é verdade", ela respondeu. "Pois é, você é campeã na sua área estética, não em dar palestras. Quando você ministrar 30 mil palestras, talvez se sinta mais confiante". Ela sorriu, obviamente.

Ela tinha informações riquíssimas para transmitir aos ouvintes, mas não contava com a experiência da oratória. É natural que estivesse com medo – e tudo bem se sentir assim. Então, dei uma dica para Carla lidar melhor com a emoção quando ela desse as caras: reconhecer o medo diante do público, afirmar que se sentia nervosa porque era a primeira vez que enfrentava aquele desafio. "Se você reconhecer a sua ansiedade, vai desarmar não só o seu próprio medo como as pessoas também", sugeri que ela dissesse para a audiência que aquela era a primeira palestra dela e que estava bastante nervosa – foi o que ela fez, e me mandou o vídeo, inclusive, para provar. A palestra foi aplaudidíssima.

Desmistificar emoções não significa aniquilá-las da vida, porque elas vão continuar a acontecer – quer você queira, quer não. Não há fórmula para deixar de sentir raiva, medo, tristeza e alegria. A forma como você, hoje, age, reage e interage com as emoções é que pode ser disfuncional, não a emoção em si. As emoções precisam de um espaço saudável para que tenham a permissão de se expressar.

Muita gente chega para mim na terapia e me diz: "O problema é o meu medo, que me paralisa". Não, não é o medo que paralisa você, isso é a consequência da falta de relacionamento que você tem com o medo. Estar em paz com um medo não significa que ele deixou de existir. Esse medo apenas não controla mais você.

PERCEBA MELHOR O SEU MEDO

O QUE VOCÊ SENTE QUANDO SENTE MEDO?

Tente recordar-se de uma situação em que você vivenciou o medo e pergunte-se:

Se o meu medo fosse um animal, qual seria?

R: _____

Se o meu medo fosse uma cor, qual seria?

R: _____

Se o meu medo fosse um filme, qual seria?

R: _____

Se o meu medo fosse uma textura, qual seria?

R: _____

Se o meu medo fosse um som, qual seria?

R: _____

Se o meu medo fosse um objeto, qual seria?

R: _____

TIPOS E VARIANTES DO MEDO X — X — X — X

- Ansiedade
- Estresse
- Hesitação
- Insegurança
- Nervosismo
- Preocupação
- Impaciência
- Incerteza
- Angústia

- Irritabilidade
- Bloqueio
- Agitação
- Temor
- Dúvida
- Desculpas
- Apreensão
- Desconfiança
- Vulnerabilidade

- Vergonha
- Timidez
- Inquietação
- Suspeita
- Paralisação
- Receio
- Indecisão
- Terror

Importante: em casos mais extremos, o medo pode se transformar em fobia, pânico e até paranoia e exigir um tratamento psiquiátrico e terapêutico adequado.

EXERCÍCIO DA CADEIRA

1. Escreva num papel um de seus medos.

2. Pegue uma cadeira, coloque o papel sobre ela e posicione-a à sua frente, mantendo uma certa distância. A distância ideal é: não tão longe de você a ponto de não sentir nada, nem tão próxima que produza um estado de pavor que ative os mecanismos de proteção do inconsciente.

3. Pegue outro papel e comece a relatar o que sente no seu corpo ao pensar naquilo que dispara em você a emoção do medo. Descreva em detalhes: sinto as mãos suarem, o meu peito está apertado, minhas pernas estão trêmulas.

4. Nesse momento, é possível que alguns pensamentos venham à sua mente na forma de vozes e até mesmo de regras. Exemplos: "Isso não é para você", "Sentir medo é para gente fraca", "Se você seguir com essa ideia vão rir de você", "Se tomar essa decisão pode se machucar" etc.

   Anote todas essas frases e comece a negociar com elas, expondo seu ponto de vista.

5. À medida que for negociando, imagine uma pessoa querida às suas costas, com as mãos nos seus ombros, proporcionando conforto. Pense em alguém em quem você confia e sente segurança – pode até ser um animal de estimação. Você também pode resgatar em suas lembranças alguma experiência em que se sentiu seguro e teve suporte.

6. Continue dialogando com essas vozes. "A corda da tirolesa pode arrebentar, mas também posso ter um passeio maravilhoso e uma experiência incrível", "Posso pegar uma turbulência no voo, mas não tenho controle sobre as imprevisibilidades do tempo e, portanto, posso me focar no conforto da poltrona", e por aí vai.

7. Siga negociando com os aspectos racionais do seu medo e, devagar, à medida que as suas sensações vão se acalmando, se aproxime um pouquinho mais da cadeira.

8. Em algum momento traga toda a sua percepção para a sensação sentida no seu corpo da pessoa que você imaginou, e que está atrás apoiando você. Descreva as sensações desse apoio.

9. Vá dialogando e escrevendo. É importante sair do exercício mental e escrever, como se fosse um diálogo, mesmo. Não precisa fazer o exercício da cadeira em um único dia. Vá aos poucos, no seu ritmo. Isso pode ajudá-lo muito.

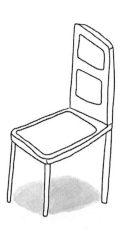

Escreva 7 experiências de conquista que você teve ao longo da vida.

Exemplo: quando você aprendeu a andar de bicicleta, quando você passou na prova que estava com medo, sua colação de grau/ formatura etc.

Quais frases você gostaria de dizer para o seu medo?

Lembre-se de que o relacionamento com as emoções não é o tipo de relacionamento em que damos um basta e simplesmente terminamos. Você sabe que continuará sentindo medo em sua vida, pois você aprendeu que ele tem funções muito importantes em sua sobrevivência.

Mas, você pode dar um basta na forma disfuncional de se relacionar com o medo, tornando esse relacionamento entre vocês muito mais saudável.

Recentemente tive a oportunidade de fazer um voo de parapente, e agora com todo entendimento sobre meu medo de altura pude negociar com ele, e vivenciar essa experiência de forma muito mais divertida do que o passeio na tirolesa. Claro que tive medo, mas ele não me paralisou, em alguns momentos me segurei muito forte onde pude, senti meu coração pulsando mais forte, mas foi tão diferente que também pude me soltar e desfrutar do passeio e sentir uma sensação de liberdade tão gostosa em que cheguei a me emocionar. É tão bom saber que o medo está lá para me proteger, mas sem me paralisar em momentos que podem ser únicos na vida.

Que regras você descobriu sobre o medo?

_____

_____

_____

Vieram imagens, lembranças, ou falar de medo despertou outras emoções?

_____

_____

_____

Quais foram as maiores descobertas sobre esta emoção que irão ajudar você a se relacionar melhor com ela a partir de agora?

_____

_____

_____

Escreva como você pretende melhorar seu relacionamento com o medo a partir de agora.

_____

_____

_____

OLHANDO BEM NOS OLHOS DA RAIVA

> "Eu tive muita raiva de ser a narradora de uma história que eu não controlava mais. Você podia ter me poupado da sua autonomia, mas saiu, no meio do parágrafo, atravessando as ruas, saltando minhas vírgulas, tropeçando minhas aspas, desrespeitando meus parênteses."

Marla de Queiroz

Antes de explicar quais são as funções da raiva e ensinar sobre como se relacionar melhor com ela, gostaria que fizesse quatro atividades lúdicas para começar a entrar em contato com essa emoção dentro de você.

Exercício 1

Desenhe um vulcão em erupção que represente a raiva. Após terminar, tente descrever aqui quais as sensações que essa imagem provoca em você:

Exercício 2

O que é a raiva para você? Escreva ou desenhe neste espaço as palavras e ideias que vêm à sua mente quando você pensa nessa emoção.

Exercício 3

Agora, pense em um acontecimento da sua vida que tenha lhe provocado muita raiva e que hoje, ao se lembrar do ocorrido, você consegue reviver a emoção. Descreva em detalhes:

As pessoas envolvidas:

As atitudes, as palavras, os gestos ou omissões que lhe provocaram raiva:

Sua reação na época:

Como você se sente atualmente ao se lembrar do episódio:

Exercício 4

Quais são as suas estratégias quando sente raiva? Você xinga, fica remoendo, tenta reprimir a emoção, procura se distrair? Anote no espaço abaixo o que costuma fazer. Ah, você não consegue sentir raiva? Pois saiba que não sentir não significa que a emoção não exista dentro de você. Se este for o caso, descreva como é para você não sentir raiva.

O corpo enraivece

A raiva é uma emoção que pode tirar a gente do sério e confunde os pensamentos. Entretanto, a raiva também se expressa no corpo. Imagino que ao remexer o baú de memórias para fazer os exercícios iniciais do capítulo você vivenciou no seu corpo alguns sinais típicos da raiva, e para alguns pode ter sido como se estivesse vivendo o auge da emoção novamente.

Quando sentimos raiva, os músculos ficam tensos, os níveis hormonais de adrenalina e noradrenalina disparam, o ritmo cardíaco, a respiração e a pressão sanguínea aceleram. Algumas pessoas travam a mandíbula, fecham os punhos, apertam os olhos. O rosto se contrai.

A raiva é uma das emoções mais básicas do ser humano. Trata-se de uma reação fisiológica que surge em resposta a uma situação que partes mais profundas do nosso corpo interpretam como um ataque ou uma ameaça à nossa sobrevivência – sim, lembra o medo, né? O corpo fica em estado de alerta. Diante de algo perigoso ou nocivo à nossa sobrevivência, somos impelidos a lutar ou a fugir. Esse sistema de luta e fuga está relacionado tanto ao estresse, que envolve o sentimento de medo, quanto à raiva.

A percepção faz com que o cérebro secrete hormônios que instruem o sistema nervoso a preparar o corpo para tomar medidas de proteção: a respiração fica curta, o organismo inunda seus músculos com sangue, a frequência cardíaca aumenta e a visão periférica desaparece. Ficamos tomados pela emoção. Há o ímpeto de querer lutar, de querer atacar, de querer se defender – cada pessoa sente ou extravasa o impulso de um modo diferente.

Funções da raiva

Embora seja erroneamente considerada uma emoção negativa, ruim e até mesmo tóxica, a raiva tem um papel importante na evolução humana. A raiva conta com uma função defensiva, de sobrevivência, de preservação da integridade física e emocional. A raiva nos posiciona e tenta preservar nossa hierarquia na vida.

Ela também tem o intuito de nos preservar física e emocionalmente, além de nos ajudar a estabelecer limites saudáveis quando nos sentimos acuados, vítimas de abuso ou vivenciamos uma situação de injustiça. Aqui, quero destacar que o que desperta o senso de injustiça varia conforme valores e experiências de cada um – ou seja, o que provoca raiva e indignação em uma pessoa pode não ter o mesmo efeito em outra. Ainda sobre nos sentirmos injustiçados quero que você considere o quanto a raiva pode nos despertar da ingenuidade de situações que acreditamos ter direitos que são criados por nós mesmos. Deixa eu lhe trazer um exemplo antes de sua cabeça dar um nó. Imagine uma pessoa ajudando uma senhora idosa a atravessar a rua e vem um carro, que dá uma freada brusca e o motorista ainda fica bravo com os dois tentando atravessar a rua. Acabei de criar uma situação de injustiça em sua mente? Onde já se viu o motorista buzinar e ficar bravo com eles, foi seu pensamento? Agora, na sua imaginação, acrescente que eles estavam atravessando fora da faixa de pedestres em uma rua movimentada e perigosa. A sua sensação de injustiça se modificou com o contexto ampliado, passando a dar razão ao motorista, ou permanece com a mesma sensação de injustiça de que o motorista, somente por ter uma senhora atravessando, deveria parar, mesmo que fosse fora da faixa? Você percebe como chegamos a transcender regras gerais, nesse caso leis de trânsito, e acreditar que temos direito?

    Mais um exemplo: certa vez atendi uma mulher que estava com muita raiva de um rapaz que estava conhecendo, e ao nos aprofundarmos um pouco na questão descobri que ela queria namorá-lo e ele havia deixado muito claro que não gostava o suficiente dela para namorá-la, mas acabaram entrando num consenso de continuar se vendo esporadicamente sem nenhum tipo de compromisso. E o que aconteceu mais tarde é que chegou aos ouvidos de minha cliente que o rapaz em questão havia convidado outra moça para sair, e que essa moça era conhecida de minha cliente. Logo que soube da história ela passou a se sentir muito desrespeitada e afirmava que ele estava ferindo os sentimentos dela, pois a moça que foi convidada a sair era de seu convívio. Antes de eu prosseguir com as perguntas que fiz a ela na sessão, qual sua sensação ao ouvir esse relato? A moça estava certa em sentir raiva e desrespeitada?

    Pedi que ela me explicasse melhor sobre essa conhecida, e ela disse que isso não era coisa que se fizesse etc. Perguntei se eles, minha cliente e o rapaz em questão, haviam combinado algo sobre isso, e ela disse que não, e que essas coisas uma pessoa tem que saber. Perguntei se ela já tinha saído com outros rapazes, ela disse que sim, então perguntei se algum dos rapazes com os quais ela saiu conhecia o rapaz que ela estava saindo, e ela afirmou que sim. Foi só então que disse a ela: "Que bom que você está sentindo raiva", e repeti isso umas 5 vezes até ela perguntar o que havia de tão bom naquilo. Disse que a raiva pode nos despertar da ingenuidade de situações que acreditamos ter direitos que são criados por nós mesmos. Precisei repetir essa frase também umas 5 vezes, e o fazia cada vez mais lento para que ela realmente refletisse a respeito daquilo. Todos nós carregamos um pouco, em maior ou menor grau, desses direitos que não temos, mas criamos.

Pausa para reflexão!

A raiva dá as caras a partir de estímulos que o organismo interpreta como ameaçadores ou para eliminar fatores que impedem a realização de um desejo – nesse caso, é uma expressão de frustração ou decepção. Sua intensidade, nessas circunstâncias, está intimamente ligada ao tamanho de nossas expectativas.

Outra função menos abordada da raiva é a de nos proteger de entrar em contato com nossas dores mais profundas. Volte a imaginar um foco de incêndio numa empresa. O alarme toca em alto e bom som, avisando a todos que é preciso evacuar o prédio. Enquanto as pessoas tentam sair, o volume do alarme vai incomodando até que alguém, em vez de se preocupar com o foco do incêndio, se encarrega de cessar o alarme. Essa analogia serve para exemplificar o que acontece quando alguém tenta combater a própria raiva a todo custo, mas não consegue: ela é o alarme, não o foco de incêndio. É necessário descobrir o que há por trás dela para acabar de vez com o fogo.

"Era raiva não. Era marca de dor."

Adélia Prado

Estava atendendo uma mulher que havia passado por uma situação muito difícil, ela havia testemunhado o assassinato do irmão.

Mesmo tendo reconhecido o assassino e o mesmo estar preso há mais de um ano, ainda expressava uma raiva mortal pelo sujeito. Naquela altura de nossas sessões eu percebi que havia uma dor mais profunda que ainda não havia sido tocada, pois o luto não estava se elaborando, ela estava emperrada na raiva. Lembro-me de em uma de nossas sessões ela desejar ardentemente a morte do homem, e eu disse que era justo ela sentir aquela raiva, pois ela amava muito seu irmão, mas o sujeito ser morto não iria trazer o irmão de volta. No fundo eu queria incentivá-la a começar o processo de elaborar o luto.

Semanas depois dessa nossa sessão, o presídio onde o homem estava preso passou por uma rebelião e ele foi morto, mas como você já deve imaginar isso não amenizou a raiva dela. Era hora então de começarmos a entrar em contato com a dor mais profunda que havia por debaixo da raiva, que era a perda de fato do irmão. Iremos falar mais sobre lutos no capítulo da tristeza.

> "Excesso de expectativa é o caminho mais curto para a frustração."
>
> Martha Medeiros

A raiva também tem a ver com nossas frustrações, lembre-se da última vez em que você se frustrou com uma situação ou com alguém, você sentiu raiva, não sentiu?

Lembre-se de algumas situações e pessoas que já sentiu raiva, e note como no fundo suas expectativas não foram atendidas. Não estou dizendo para não criar expectativas, é que às vezes algumas expectativas são ilusórias demais, o que se torna um imenso problema, pois além de projetarmos na pessoa ou situação nosso desejo de como gostaríamos que fosse, muitas vezes perdemos o contato com a realidade e isso acaba nos ferindo, e nosso sistema entra na resposta de luta, sentindo raiva.

O tamanho das nossas expectativas pode determinar o tamanho da nossa frustração, consequentemente o nível da raiva que será despertada.

Raiva reprimida: abusos e explosões

> "Se você é paciente em um momento de raiva, você evitará cem dias de sofrimento."

Provérbio Chinês

Como os seus pais lidavam com a raiva? Que mensagens diretas ou indiretas eles transmitiram a você sobre a raiva? Refletir sobre o passado é importante para compreender o papel que a raiva ocupa na sua vida hoje. Há muita gente com raiva reprimida sofrendo horrores por aí por conta de regras aprendidas na infância. Em um dos *workshops* que ministrei sobre emoções, uma participante relatou que, no emprego, sofria assédio moral e sexual por parte de seu chefe. Por mais que a situação gerasse um grau enorme de ansiedade e a machucasse, ela não conseguia impor limites nem pedir demissão.

Durante os exercícios lúdicos realizados no *workshop* emocionalmente, ela acessou memórias muito antigas e dolorosas envolvendo a família. Ela tem um irmão mais velho e, na infância, a mãe não gostava que eles brigassem. Um dia, o garoto comeu um iogurte dela que, sem controle dos impulsos (como boa parte das crianças), avançou no irmão e o arranhou a ponto de sair sangue. A mãe ficou furiosa com a reação dela e disse, entre outras coisas, que aquela atitude era feia, horrorosa, proibida e a colocou de castigo.

Quais as mensagens indiretas recebidas pela moça na infância e incorporadas à idade adulta? "Não se deve sentir raiva, a raiva é uma emoção feia, você não tem permissão para expressar a sua raiva, você precisa aguentar firme as injustiças que cometem contra você". A situação vivida no emprego com o chefe era uma consequência das regras familiares internalizadas. Ao se dar conta de como as regras a influenciavam, ela conseguiu reverter a situação, passou a se relacionar melhor com a raiva reprimida, encontrou um espaço de expressão para a emoção e, felizmente, colocou um ponto final nos abusos e hoje está em outro trabalho, sendo reconhecida pelo seu desempenho.

Às vezes, as regras são tão profundamente enraizadas em nós que sequer temos a lembrança disso. Agora que você sabe o alcance da influência delas, que tal repassar novamente quais eram as regras da sua família em relação à raiva?

Para algumas pessoas, as regras sobre a raiva são tão repressoras que, em algum momento, a emoção se torna disfuncional. Em 2009, uma pesquisa realizada pela University College London, no Reino Unido, confirmou a relação entre sentimentos de raiva mal resolvidos e um infarto do coração. O estudo revelou que pessoas que lidam bem com suas emoções têm maior probabilidade de manterem-se saudáveis, viverem por mais tempo e sustentarem relacionamentos positivos e enriquecedores.

O que você diria para uma pessoa que vive constantemente estressada e nervosa? Você acredita que isso afeta a saúde? A raiva, quando encontra esse extremo de explosões constantes, é mais fácil de ser identificada, mas e o outro extremo, você sabe qual é?

Represar a raiva por muito tempo pode levar ao rompimento estrondoso da "barragem" que a retém. Como? Na forma de explosões de raiva que podem machucar as pessoas – emocional ou fisicamente – e surtir prejuízos irreversíveis. Quando a raiva não encontra um lugar de expressão, acaba sendo externalizada de forma descontrolada. Por isso, é importante aprendermos a reconhecê-la e a administrá-la corretamente, identificando também suas motivações e, assim, criando uma relação saudável com a emoção.

Ou você nunca viu uma pessoa que é sempre boazinha, até assustar todos ao redor em uma explosão de raiva?

MANIFESTAÇÕES DA RAIVA

- Sensação de "explosão" interna
- Ódio
- Ira
- Fúria
- Cólera
- Sensação de falta de controle
- Aborrecimento
- Frustração
- Repúdio
- Dificuldade de contenção
- Chateação
- Incômodo
- Irritação
- Indignação
- Exasperação
- Hostilidade
- Agressividade
- Impetuosidade

Expressões positivas da raiva

"Minha raiva me aproximou da minha potência de conquista."

Manoel Augusto Bissaco

A raiva, como toda emoção, não é boa nem ruim. É a maneira como você a usa e expressa que pode ser nociva ou até o impulsionar em direção aos seus objetivos. Quando bem empregada, a raiva pode ser um estímulo para que cada um de nós consiga fazer mudanças significativas na vida e possa superar as dificuldades de maneira construtiva. Em vez de revidar uma provocação, por exemplo, a pessoa avalia a situação e responde de uma forma coerente, sem apelar para a agressividade. E mais: só de tomar consciência de que sente raiva – ou que volta e meia vivencia episódios bem marcantes de ira – já é meio caminho andado para começar a se relacionar melhor com a emoção e transformá-la em algo produtivo.

Sentir raiva ainda nos permite impor limites a situações abusivas, combater injustiças e respeitar a nossa individualidade. Há uma mobilização de energia, principalmente para se defender e evitar que indivíduos mal intencionados pisem em nós. A raiva, canalizada assim, funciona como um incentivo para mudanças.

Certa vez atendi em uma sessão um rapaz que apresentou traços de uma raiva muito profunda reprimida. Porém, naquela ocasião, ele estava tão identificado com as regras sobre a raiva que não conseguia aceitar e validar que aquilo existia nele. Muitos outros trabalhos terapêuticos foram feitos, e mais ou menos um ano depois em um trabalho no qual se faziam regressões intrauterinas ele se deu conta da raiz mais profunda daquela raiva. Em suas memórias precoces surgiu uma luta intensa para sobreviver, era como se as condições para que ele se desenvolvesse no útero fossem todas desfavoráveis, além da separação dos pais ainda em sua gestação.

Quando ele se permitiu entrar em contato com essas memórias e aceitá-las, a emoção foi grande, pois se deu conta do quanto a raiva daquele momento o havia a impulsionado a lutar pela vida.

Em um momento muito crítico da minha vida, recebi uma notícia infeliz de que não iria mais fazer parte de uma equipe e, ainda por cima, me senti completamente julgado sobre a opinião da pessoa em relação a uma parte muito delicada da minha história. Você pode imaginar a quantidade de raiva que senti daquela pessoa naquele momento. Após ter ficado alguns dias remoendo aquela situação decidi que aquela pessoa iria engolir tudo que havia dito.

Foi quando criei forças para abrir minha empresa e iniciar meu trabalho como terapeuta em meu próprio instituto. Lembro-me de quantas vezes aqueles episódios voltavam à minha mente, e eu pegava toda aquela raiva e transformava em força de ação, não para ficar remoendo e xingando a pessoa internamente, mas focando em quais ações eu precisava para minha empresa crescer ainda mais.

Aproximadamente cinco anos após o ocorrido voltei a ter contato com essa pessoa e ainda notei traços de raiva sobre aquele episódio e, fazendo exercícios tão simples como os que estou aqui apresentando, aqueles resíduos de raiva que não haviam sido expressos foram liberados e a gratidão por todo processo começou a tomar lugar, afinal de contas sem aquele empurrão da vida, que chegou por meio daquela pessoa, eu não teria descoberto toda a minha potência de realização :)

Qual raiva você vai transformar em ação produtiva agora?

_____

_____

_____

_____

_____

Carta da raiva

"Quando uma emoção encontra uma forma de validação, se ameniza".

Manoel Augusto Bissaco

Uma maneira saudável de se relacionar com as emoções é colocá-las no papel. Em momentos de raiva, principalmente, isso ajuda muito a desabafar e a entrar em contato com a emoção sem se deixar que ela transborde. Quando alguém irritar muito você – aqui cabe lembrar que a função do livro é ajudar a criar um relacionamento saudável com as emoções, e não exterminá-las da sua vida – escreva a chamada Carta da Raiva para a pessoa.

Despeje no papel, sem filtro, tudo o que gostaria de dizer. Pode xingar, usar palavrões, soltar os cachorros pra valer. Tome consciência de quais eram suas expectativas e escreva como o não preenchimento delas te machucou. O objetivo não é mandar a carta para a pessoa, viu? Nem e-mail, nem WhatsApp, por favor! É só para desafogar a raiva, mesmo. Guarde a carta em uma gaveta e, no dia seguinte, observe o que escreveu e faça outra carta para a mesma pessoa (que, novamente, não deve ser enviada). Você vai perceber que a emoção passou a fluir melhor dentro de você. Faça esse exercício por alguns dias.

Atenção: é muito importante escrever essa carta à mão, pois escrever ativa circuitos neuronais aprendidos na infância, primeiro aprendemos a escrever à mão para depois escrever no computador, talvez as gerações futuras façam diferente.

Gostou? Aproveite os espaços a seguir para se manifestar.

CARTA DA RAIVA – VERSÃO 1

CARTA DA RAIVA – VERSÃO 2

(Exercício 1)

Vamos nos aprofundar nas regras sobre a raiva, topa?

Escreva a seguir o que você sente quando sente raiva? Está tudo bem tomar um tempo para responder com calma a essa pergunta, pois quero que você realmente tome consciência do que pode estar bloqueando o relacionamento entre você e a raiva.

_____

_____

_____

_____

_____

(Exercício 2)

Sem censura!

Você conhece alguma palavra (vale até palavrão!) ou frase engraçada para definir a raiva? Escreva tudo aqui. Não se censure, este espaço é todo seu.

_____

_____

_____

_____

_____

(Exercício 3)

> "A arte diz o indizível, exprime o inexprimível, traduz o intraduzível."
>
> **Leonardo da Vinci**

Vamos fazer arte?

Você vai precisar de uma caixa de massa de modelar – ou preparar uma versão caseira com água e trigo – para fazer este exercício. É bem simples: você vai expressar a sua interpretação da raiva na massinha e, se quiser, pode complementar com desenhos, frases e cores. Pode ser qualquer forma, objeto, animal, não importa. Use a imaginação.

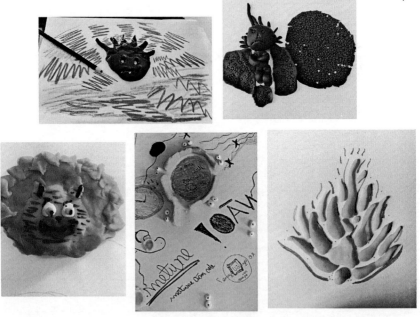

Imagens retiradas de exercícios realizados no Workshop Emocionalmente

Como foi modelar a raiva na massinha, o que você sentiu ou de que se lembrou?

_____

_____

_____

_____

_____

Que regras você descobriu sobre a raiva?

_____

_____

_____

_____

_____

Quais foram as maiores descobertas sobre essa emoção que irão ajudar você a se relacionar melhor com ela a partir de agora?

_____

_____

_____

_____

_____

A TRISTEZA PRECISA DE ESPAÇO PARA FLUIR

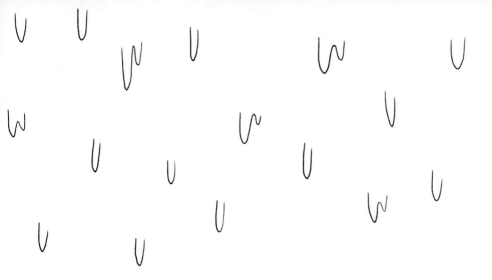

> "Aquele que nunca viu a tristeza,
> nunca reconhecerá a alegria."
>
> Khalil Gibran

Em meus *workshops* e atendimentos terapêuticos, a tristeza costuma ser a emoção mais difícil de iniciar um relacionamento. Eu entendo e admito que nem para mim esse processo foi suave ou simples, talvez porque para os homens seja mais difícil entrar em contato com a tristeza. Acolher a tristeza em você, entretanto, não significa viver triste, mas sim compreender que ela pode ser o resultado de lutos e perdas não elaboradas que ressurgem, de algum modo, em outras experiências.

A palavra tristeza vem do latim *tristitia*, termo que significa "emoção oposta à alegria". Mal-estar, desânimo, introversão, distanciamento, solidão, sensação de vazio, nostalgia e amargura são algumas de suas manifestações. Se a alegria nos puxa, digamos, para cima, a tristeza nos coloca para baixo. É uma emoção que nos chama à reflexão e faz com que a atenção se volte ao que está acontecendo conosco. Então esse fluxo de pensamento já é o início de um relacionamento com a tristeza? Em tese sim, mas é necessário mergulhar um pouco mais fundo nela para que seja possível ouvir as mensagens que a tristeza está tentando lhe comunicar. Se isso não acontece, a emoção fica rodeando você sempre que algum gatilho é disparado, sem nunca fluir de fato.

A função da tristeza é dizer que algo importante para nós foi perdido, deixado para trás ou que algo importante nos faz falta. A tristeza também nos coloca em um estado mais vulnerável e aberto, e para algumas pessoas isso é um tremendo desafio. Relacionar-se com ela não é uma tarefa fácil, por isso muita gente foge desse envolvimento. Mas, em troca, ela retribui com um enorme potencial de autoconhecimento e a (re)descoberta das coisas que realmente importam para você.

Quando você luta para combater a tristeza, você está lutando consigo mesmo, é como se uma parte de você não fosse desistir até que o que precisa ser reconhecido tenha um lugar de acolhimento. Por meio de várias mensagens que você recebeu ao longo da vida de forma direta e indireta, é possível que não tenha aprendido a dar espaço para que as lágrimas tivessem lugar dentro de você. Com certeza, em muitos momentos não existiu a possibilidade de se sentar com a sua tristeza, ouvi-la e chorar – foi preciso seguir em frente e ser forte.

> "Renda-se, como eu me rendi. Mergulhe no que você não conhece como eu mergulhei. Não se preocupe em entender, viver ultrapassa qualquer entendimento."
>
> **Clarice Lispector**

Se você está aqui, agora, lendo este livro, saiba que agora talvez você encontre caminhos seguros em que você possa começar a expressar a sua dor. Eu me lembro de um professor que costumava dizer: "Seja forte e CHORE!". Reconhecer as suas lágrimas e ouvir o que a tristeza quer lhe comunicar, aceitar a sua vulnerabilidade não é demonstrar fraqueza, mas reconhecer a dor das coisas que hoje não podem ser mudadas e não puderam ser controladas no passado. É se reconectar com a sua essência, é aceitar de coração o que aconteceu e deixar as lágrimas fluírem através

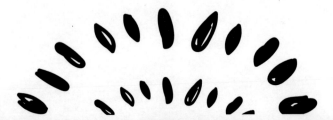

de você, na sua presença, com o seu testemunho, com a sua compaixão e o seu próprio amparo. É se tornar mais completo e humano.

Você se lembra de quando eu relatei a experiência no avião e a minha visão da ilha de Cuba de uma perspectiva diferente? Somente racionalizar qualquer emoção, que nesse caso é a tristeza, se equipara à minha visão de quando observei o mapa. É uma experiência muito analítica, fria e distante. Estar dentro da ilha, nesse caso, significa se afogar nas próprias lágrimas e se tornar a tristeza.

Existem pessoas que têm dificuldade de se aproximar das suas emoções, seja pelas regras ou qualquer outro motivo; em outro extremo, temos as pessoas para quem chorar não é um problema, mas que escorregam demais em suas próprias lágrimas, se afundando na dor.

Quando a tristeza o visitar e você der a permissão para que o choro aconteça, seja uma companhia, uma presença compassiva para as suas próprias lágrimas. Se essas lágrimas tivessem voz, palavras, o que elas estariam dizendo? Se essas lágrimas tivessem imagens, lembranças e metáforas, quais seriam? Se essas lágrimas expressassem algo, o que seria e de que forma? Juntamente à tristeza, se você conseguir se sintonizar com seu corpo, existe um *felt sense* que é como uma sensação sentida no seu corpo, que pode ser uma sensação clara e definida ou vaga e difusa, mas passe um tempinho com isso percebendo se essa é uma sensação familiar, se é conhecida por você. E se pergunte: "Quando me lembro de ter sentido isso a primeira vez, ou uma das primeiras vezes?" Meu conselho a você não é procurar por, mas apenas se abrir ao que vem. Ao simplesmente se perguntar isso uma intenção foi estabelecida e isso é o suficiente. Talvez você se surpreenda com o que pode surgir do mais íntimo do seu SER.

Algo importante ficou para trás

"Portanto, o coração dos sábios está na casa onde há luto, mas o coração dos insensatos, nos banquetes e em lugares de muito riso."

Eclesiastes 7:4

A tristeza, como já disse antes, encontra morada também em lutos e perdas não elaboradas. Luto tem um sentido mais amplo do que sofrer com a morte de alguém. Trata-se de uma perda dolorosa de algo valioso e importante que foi deixado para trás, geralmente contra suas vontades. Pode ser a perda de um animal de estimação querido na infância, de uma bexiga linda que soltou da mão (essa experiência para uma criança pode ser significativa e todos nós fomos um dia crianças), de um vizinho que foi morar em outra cidade. O luto envolve ainda uma troca de escola, o divórcio dos pais, o fim de um relacionamento amoroso, o fim de um sonho pelo qual você lutou muito, uma mudança de casa, a perda de um bicho de pelúcia que conforta na hora de dormir, a perda da inocência.

Eu me lembro de que, por volta dos 2 aos 4 anos de idade, tinha uma fraldinha que levava para todos os lugares. Ela tinha um cheiro peculiar que eu amava, mas minha mãe reclamava que era de sujeira. Certo dia minha mãe, às escondidas, lavou a minha fraldinha e me devolveu sem o cheiro que eu gostava, o que me fez chorar por dias. Não era a fralda que importava, mas o cheiro que me fazia me conectar com ela. Nós damos significados para os acontecimentos que não passam, necessariamente, pela razão. E, na infância, quando ainda estamos experimentando o mundo, tudo dói mais, por isso todos nós temos muitos lutos e perdas não elaborados que sequer temos consciência, e todas essas perdas vão se acumulando dentro de nós, criando significados sobre a vida, as pessoas e nós mesmos. Por isso muitas pessoas em estados depressivos não entendem por que aquilo está acontecendo com elas.

Lembra da Helena? O choro inconsolável da minha pequena cliente era reflexo do processo de luto da separação da amiguinha Alice. A mãe, baseada em suas regras (inconscientes) sobre a tristeza, tentava consolá-la em vão. E por que ela seguia essas regras? Porque a própria Sonia, a mãe, aprendeu a não dar espaço para a própria tristeza. Ela havia passado por uma experiência extremamente dolorosa em sua infância, na qual o pai morreu tentando salvar a irmã, que também faleceu, em um afogamento. Para completar, o pai de Helena também perdeu o pai muito cedo e deixou a tristeza em um lugar não acessível dentro dele. Ou seja, toda a família tinha uma relação disfuncional com a tristeza e as perdas. Agora começa a fazer mais sentido para você as nossas regras familiares, não é?

Para que possa existir espaço para a tristeza dentro dessa família, o único caminho é elaborar os lutos que ficaram para trás. E, por estar trabalhando com os pais em terapia, quando a Helena chegou para mim se sentindo arrasada pela mudança da escola, em um nível mais profundo eu já me dei conta do cenário que estava atuando ali. Lembro-me de que em uma das sessões de Helena, eu até convidei a mãe (Sonia) para se juntar a nós. Da mesma maneira que aprendemos por meio de mensagens diretas, e principalmente mensagens indiretas tanto da sociedade quanto da família, o meu intuito foi que, indiretamente, algo sobre dar espaço às perdas também pudesse chegar até a mãe, que ainda está no caminho de elaborar os próprios lutos.

Naquela sessão com ela, disse que ali, na sala da minha clínica, era um espaço seguro e acolhedor para ela falar tudo o que desejava. Helena contou que sentia dor no coração, chorou bastante, disse que estava tudo muito difícil, mostrou bilhetinhos que escreveu para a amiga, por algumas vezes desviava o olhar buscando aprovação da mãe, como se dissesse: "Eu posso fazer isso?". Em outros momentos, a mãe tentava interferir trazendo racionalizações e, à medida que tudo isso acontecia, nós fomos cocriando um pouco mais de espaço para aquela dor.

Contei que, na infância, perdi uma cachorra da qual gostava muito. Em certo instante, estávamos os três – eu, ela e a mãe, que acompanhou tudo – emocionados. Lutos e perdas são experiências difíceis por natureza, em algum momento eu disse, enxugando as minhas lágrimas, que aquelas lágrimas serviam também para honrar os bons momentos que ela compartilhou com a Alice, sua amiguinha. Depois de um tempo, de vez em quando eu fazia alguma piada ou contava algo engraçado e ela ria. Eu aproveitava para reforçar: "Não é incrível, Helena? Mesmo no meio de tanta tristeza e com o coração partido, você não perdeu a sua alegria." :)

E a vida é isso, né?

> "A música pode acabar, mas a melodia sempre continua."

Autor desconhecido

Se você é pai ou mãe, não se culpe se você agiu até aqui diferentemente do que está aprendendo agora. Sei que tudo isso pode parecer muito novo, mas sei que você é capaz de se abrir a este novo paradigma a que está tendo acesso para mudar a sua perspectiva. Muitos pais que passaram pelo meu *workshop* Emocionalmente relataram que algo mudou em seu relacionamento com as próprias emoções, e consequentemente com as emoções dos próprios filhos.

Uma amiga me contou um dia desses que, ao assistir ao filme DivertidaMente, com a filhinha de 3 anos, em determinada sequência a criança falou: "Tira essa Tristeza daí, ela é muito chata, ninguém gosta dela. Ela quer estragar tudo!". Para quem ainda não viu, a animação da Pixar transforma em personagens as emoções Alegria, Tristeza, Medo e Raiva.

O curioso é que a mãe nunca disse de forma direta que a tristeza – a emoção, não a personagem – era chata e que ninguém a queria, mas talvez tenha passado essas ideias de uma forma indireta, mas eu conhecia essa mãe, e ela era uma pessoa que tentava ser extremamente positiva e ver o lado bom de tudo, independentemente da situação.

Perceba que, conforme as regras vão sendo criadas, elas vão se empilhando e dificultando o nosso acesso e elaboração dos lutos e perdas. Para que você não fique confuso, quero que imagine o seguinte: você está dirigindo em uma estrada com três pistas. Você não anda só pela esquerda e também não anda só pela faixa da direita, né? Quero convidar você a fazer essa viagem na faixa do meio, ora experimentando a faixa da direita, ora a faixa da esquerda, mas sempre retornando para a faixa do meio.

Quando eu era mais jovem, meu pai andava de carro comigo na estrada e costumava dizer que eu era "penço" para a esquerda, ou seja, "desnivelado", porque eu só gostava de andar naquela faixa. Brincadeiras à parte, todos nós temos uma tendência: qual é a faixa que você costuma estar mais? Você costuma ser racional ou se afundar mais em suas emoções? Estamos aprendendo também a andar na faixa do meio.

> "Bem-aventurados os que choram,
> pois serão consolados."

Mateus 5:4

Imagine que algo muito importante, a tristeza, foi vista como vilã durante muito tempo. Como seria começar a se abrir para aceitá-la em você?

_____

_____

_____

_____

_____

_____

Coloque uma música calma e feche seus olhos ao ouvir a música. Imagine que a sua tristeza é um riacho fluindo, num dia calmo e ensolarado. Permaneça assim por alguns minutos. Depois, conte aqui: como os seus pais lidavam com a tristeza?

_____

_____

_____

_____

_____

_____

Quais eram as regras implícitas e explícitas da sua família sobre a tristeza?

_____

_____

_____

_____

_____

_____

Eu quero que você tire um tempinho para refletir: como seu pai e sua mãe lidavam com a tristeza? Escreva abaixo:

_____

_____

_____

_____

_____

O que você sente quando se sente triste?

_____

_____

_____

_____

_____

Agora que você entendeu um pouco mais sobre o que são lutos e perdas, liste abaixo quais lutos e perdas existem na sua vida.

Quando eu perdi _____

Ter deixado para trás _____

A falta que eu sinto de _____

A partir da lista acima, eu recomendo que você deixe uma frase carinhosa, amorosa e diferente para cada uma delas. Aconselho ainda que, em algum momento, você escreva uma carta mais completa abrindo o seu coração para cada um dos itens citados acima, mas não com o intuito de fazer essas situações e sensações sumirem de você, e sim sendo um amigo que compreende e ampara com carinho.

_____

_____

_____

_____

_____

_____

_____

_____

_____

_____

Interpretações distorcidas

> "A morte não é o oposto da vida, mas uma de suas partes constituintes."
>
> **Haruki Murakami**

Para se relacionar bem com a tristeza, o ideal seria que as pessoas tivessem, desde a infância, espaço para o luto, não só por meio de falas, como também de atitudes. Infelizmente, não são poucos os adultos que tentam poupar as crianças dos lutos e das perdas, evitando, por exemplo, levá-las a velórios e enterros. Não há nada mais natural do que a morte, é algo que vai acontecer com todo mundo, um processo natural da vida. Por considerarem o cemitério um ambiente "pesado" para os pequenos, muitos pais acabam transmitindo a mensagem indireta de que não se deve entrar em contato com a tristeza que permeia a ocasião. Assim, perde-se a oportunidade de honrar uma jornada, dar vazão à saudade, expressar lágrimas e ensinar que a tristeza é normal e, sim, saudável.

O "mistério" e a falta de diálogo acerca de perdas abrem espaço para interpretações distorcidas que tendem a causar muita dor futuramente. Crianças ainda não têm discernimento para entender algumas circunstâncias, desenvolvendo interpretações que mais tarde acabam se tornando regras em cima das regras que recebem – as próprias regras das quais já falei. É muito comum em meu trabalho adultos começarem a acessar lutos não elaborados até mesmo de décadas atrás.

Lembro-me de outra cliente, Jussara, que chegou até mim com crises de pânico. Quando comecei a ensinar a ela como gerenciar os sintomas para que ela se sentisse melhor, senti receptividade para explorar as causas dessas crises e até mesmo ir além, chegando em dores profundas. Seus pais se separaram quando ela era bem pequena. Como os dois nunca discutiam na frente dela e da irmã, a notícia do divórcio provocou um choque imenso. O pai saiu de casa e Jussara se conectou muito à mãe, que enfrentou muitas dificuldades após a separação. Minha cliente interpretou a partida do pai como um abandono. Na verdade, eles se afastaram e só voltaram a se relacionar quando Jussara já era adolescente. Essa dor profunda, no entanto, a marcou.

Durante nossas sessões, ela se lembrou de que seu pai havia perdido o próprio pai muito cedo, com apenas três anos de idade, e nunca tinha se permitido expressar a tristeza por essa ausência. Logo, tinha dificuldade de se relacionar com a filha, pois o evento da separação de seu casamento inconscientemente trazia a dor não elaborada de ter perdido o pai tão cedo.

Quando o pai de Jussara voltou a se relacionar com ela, em sua adolescência, ela se emocionava em algumas dessas conversas. E ele sempre dizia: "Pare de chorar, você só chora!". Assim, foi possível entender que esse pai não tem espaço para as próprias emoções dentro de si. Logo, não conseguia suportar as emoções de outras pessoas, o que ativava em Jussara mais uma vez a dor inconsciente não elaborada da separação.

Isso colocava Jussara em um labirinto sem saída, como se aquela parte criança dentro dela quisesse a presença e aprovação do pai, mas como ele não suportava estar com as emoções dela, ela se sentia abandonada novamente. Após ela começar a entender isso por meio do processo terapêutico e encontrarmos caminho para dar espaço à dor daquela criancinha que um dia ela foi, não só as crises de pânico cessaram, mas o relacionamento entre pai e filha começou a fluir melhor. Inclusive, em um momento ela chamou o pai para conversar mais profundamente sobre isso, pois se sentiu pronta para fazê-lo, ao que o pai aceitou o convite e desta vez conseguiu ouvi-la sem interrupções e declarar todas aquelas regras. Foi realmente um encontro muito curativo entre eles.

SINAIS FÍSICOS DA TRISTEZA

Da mesma maneira que outras emoções, a tristeza também se manifesta no corpo. Os sinais mais comuns são:

- Aperto no peito
- Dor no coração
- Peso nas costas
- Incômodo nas pernas
- Sensação de "nó" na garganta
- Desânimo
- Apatia

- Impressão de "moleza"
- Vazio no peito
- Angústia
- Sensação de buraco sem fim na barriga, ou no peito
- Sonolência

Complete de que outras formas você sente no corpo a tristeza:

-
-
-
-
-
-
-

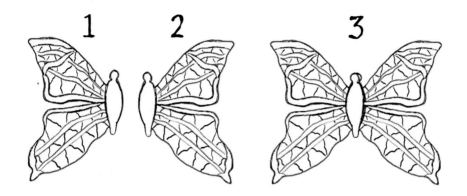

Arteterapia

1. Pinte a metade da borboleta com cores que considera tristes.
2. Agora, na outra metade, use cores que você acha que expressam alegria.
3. Por fim, use todas as cores dos desenhos anteriores para colorir o desenho.

Como foi para você colorir os desenhos?

___
___
___
___
___
___
___
___
___

O gêmeo desaparecido

Quero mencionar aqui, de uma forma breve, outro assunto que também é muito profundo. Muitas vezes a sensação de perda, luto e abandono se inicia muito cedo em nossas vidas, em muitos casos antes de nascermos. A síndrome do gêmeo desvanecido ou evanescente é um fenômeno comum, em que segundo pesquisas atuais, de 40 a 60% das gestações não se iniciam de forma singular, mas sim de forma gemelar. Muitas vezes a perda de alguém que estava vindo conosco, um irmão gêmeo, pode acontecer tão cedo quanto nas primeiras semanas de vida no útero materno, até mesmo antes de a mãe descobrir que estava grávida. Em outros casos, ultrassons revelam dois sacos amnióticos, e passadas algumas semanas somente um continua aparecendo, o que significa que aquele outro embrião se formando era um gêmeo que desvaneceu e foi absorvido pelo corpo da própria mãe.

Essa experiência pode deixar registros profundos em nossas células da sensação de vazio, perda, abandono e, claro, é um luto não elaborado que fica soterrado em muitas camadas no inconsciente, criando muito cedo "impressões" sobre perdas.

Eu sou um gêmeo sobrevivente, nome que se dá àquele gêmeo que fica, e durante toda minha vida sentia uma falta lá no fundo da alma, a sensação de vazio e uma tristeza muito profunda, que aparentemente não encontrava motivos lógicos e racionais para existir. Irei descrever a seguir algumas sensações e sentimentos predominantes em gêmeos sobreviventes, e já antecipo que irei me aprofundar nessa temática em um próximo livro.

- Sensação de vazio/abandono

- Desejo de algo que assemelha-se a um estado completo e paradisíaco (saudade de algo perdido que não é encontrado nem no presente, nem no futuro)

- Sensação de descontentamento pela vida

- Solidão inerente

- Melancolia ou tristeza mesmo em momentos prósperos e felizes da vida

- Sentimento de culpa

- Irritação infantil constante

- Sentimento de que se é diferente dos demais, extraterrestre

- Não entender a si próprio

- Sensação de vazio/abandono

- Dificuldade com despedidas e términos

> "Até mesmo a hora mais sombria tem apenas sessenta minutos."

Morris Mandel

Enquanto eu estava escrevendo este livro acabei passando por uma perda muito grande que foi meu pai. Com toda certeza, ter aprendido a me relacionar melhor com a tristeza, transformando as regras que me impediam de me aproximar dela e ouvi-la, está me ajudando a atravessar esse luto de maneira mais suave. E eu não quero dizer que não dói, mas está sendo uma experiência diferente de outras perdas que sofri antes em minha vida. Além de não me tornar a própria dor ou fingir que nada está acontecendo, estar com minha própria tristeza tem me ajudado a refletir sobre a vida, crescer e amadurecer ainda mais enquanto ser humano, sem tantos questionamentos, dúvidas e julgamentos sobre a vida, e, o mais significativo para mim neste momento, sem me sentir abandonado mais uma vez.

Dar apoio ao corpo, percebendo onde a tristeza e a saudades são sentidas e simplesmente colocar a mão ali e deixar aquela parte saber que não está sozinha, e que tem apoio. A propósito, da próxima vez que se sentir triste, tome um tempo e perceba onde você sente isso em seu corpo, depois leve a sua mão ali e ofereça alguma pressão, aquela que seu corpo precisar, e você irá notar algo diferente ao também ser seu próprio apoio.

Quando amigos e pessoas próximas souberam do falecimento de meu pai, recebi muitas mensagens. Alguns eram textos do tipo: "ele foi para um lugar melhor", "agora ele descansou", "ele pode estar no seu coração" etc. E foi muito importante saber o que realmente era importante, pois essas palavras não consolavam, ao invés disso na maioria das vezes davam a sensação de que era melhor a pessoa nem ter falado nada.

Em contrapartida uma amiga me ligou bastante emocionada e me disse: "Sinto muito, nem sei o que dizer" e, diferente daquelas outras frases lindas, me senti completamente apoiado em minha dor. Nossas dores mais profundas precisam de compaixão e apoio e não de palavras bonitas ensaiadas e vazias. Você já parou para refletir e sentir sobre isso? Pode se permitir receber a compaixão dos demais e a sua própria nos momentos de dor?

Muitas vezes temos dificuldade de entrar em contato com a dor mais profunda de uma perda, em outros momentos somos nós mesmos que falamos incessantemente frases de conforto sem darmos a atenção devida às emoções. Com a morte nada pode ser mudado, alguém se foi, a vida nunca mais será a mesma, mas isso não quer dizer que você não possa crescer, se expandir, e a vida seguir a partir disso.

O luto é quando algo ou alguém não está mais disponível para você. E temos respostas naturais, físicas, emocionais e mentais quando temos uma perda de qualquer tipo. Embora existam muitos estudos e ciência disponíveis hoje, a morte ainda continua sendo um mistério. Ainda assim vou descrever as fases do luto, mas quero ressaltar que esse processo não é linear e varia de pessoa para pessoa, pois cada luto é único.

A primeira pessoa a estudar sobre o luto foi a psiquiatra suíça Elisabeth Kübler-Ross, que em sua obra *Sobre a morte e o morrer* cita os 5 estágios do luto, que são:

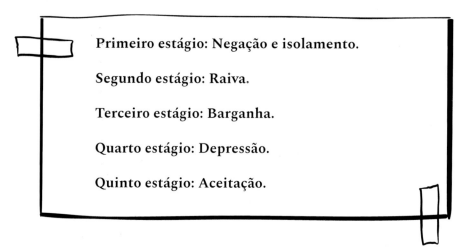

Primeiro estágio: Negação e isolamento.

Segundo estágio: Raiva.

Terceiro estágio: Barganha.

Quarto estágio: Depressão.

Quinto estágio: Aceitação.

Para aprofundar seu entendimento, quero adicionar a esses estágios novos pontos que, juntamente a outros colegas de trabalho e professores, também percebemos estar presentes:

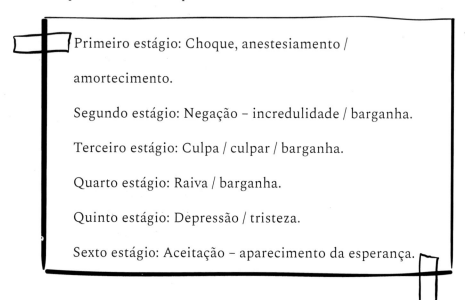

Primeiro estágio: Choque, anestesiamento / amortecimento.

Segundo estágio: Negação – incredulidade / barganha.

Terceiro estágio: Culpa / culpar / barganha.

Quarto estágio: Raiva / barganha.

Quinto estágio: Depressão / tristeza.

Sexto estágio: Aceitação – aparecimento da esperança.

Entenda que esse não é um processo linear, ou seja, você pode estar na raiva e voltar para culpa e negação, estar na tristeza e ainda sentir raiva, e achar que não está avançando no seu processo de elaborar o luto, mas isso é absolutamente normal e esperado que aconteça, então paciência é muito importante aqui.

Reforçando o que disse, que homens sentem a tristeza diferente das mulheres, o processo de expressão e elaboração do luto também é diferente, mas não só em relação ao gênero, que torna o processo do luto único para cada pessoa, mas também alguns aspectos que precisam ser levados em consideração.

Expectativa – Se a perda era algo esperado, a pessoa de alguma forma já vai se preparando para aquilo, diferentemente de quando acontece de forma brusca e repentina. Muitas vezes, após acompanhar alguém acamado e sofrendo, a partida dessa pessoa pode até trazer algum alívio, pois o sofrimento se expande também para os familiares. E não existe nenhuma preparação para se perder alguém de forma repentina, pelo contrário, é como se você perdesse o chão, e o choque da perda será muito maior.

Naturalidade – Uma mãe que perde seu filho foge à ordem natural da vida, e isso torna o processo ainda mais doloroso e complexo. Perder uma criança de 3 anos, que não teve a possibilidade de viver mais, é diferente de perder alguém com 95 anos, por exemplo.

Dependência – O quão somos dependentes da pessoa ou situação que perdemos? Podemos ser dependentes de um trabalho, uma carreira que amamos, ou uma pessoa que está em nossa vida e agora partiu. Encontrar novos caminhos e nos adaptar para continuar na vida sem esse apoio que estava lá, de forma direta ou indireta, vai requerer uma reconstrução interior, o que pode ser bastante doloroso.

Ambivalência – Se a relação com a pessoa que partiu era próxima, mas não muito boa, pode gerar muita confusão. Dor é dor, e a morte não faz a pessoa se tornar uma boa pessoa, ou excluir ações que feriram profundamente as emoções. Pode ser difícil de acreditar, mas a quantidade de abusos sexuais dentro de casa é mais comum do que parece, e isso cria muita ambivalência e confusão. Atendi uma pessoa que havia sido abusada sexualmente na infância pelo pai, mas em muitos outros momentos ao longo da vida ele a ensinou, defendeu, cuidou etc. Lembro-me de uma de nossas sessões em que o luto ainda não havia sido elaborado, mesmo já fazendo aproximadamente oito anos que ele havia partido, e quando ela começou a entrar em contato com o significado mais profundo das emoções, além das regras, percebeu também o lado positivo do pai. Em outras sessões ainda vinham a raiva e os sentimentos associados ao abuso sofrido, pois cada emoção precisa do seu devido espaço, para organizar a confusão de sentimentos relacionados. Às vezes uma mãe narcisista ou até mesmo pais ausentes emocionalmente podem causar essa ambivalência.

*Dedicação/Conexão** – Pense em um relacionamento que terminou após você investir tempo e se dedicar em seu melhor para que desse certo. Os sonhos que você desenhou junto daquela pessoa ou situação. Muitas vezes isso não tem a ver com o tempo que se passou junto à pessoa, pois às vezes conexões e expectativas são criadas de forma muito acentuada em pouco tempo, e a dor da perda será proporcional ao investimento e às expectativas relacionadas ao que se perdeu.

Foi um processo longo elaborar o luto quando deixei de ser um atleta profissional, pois houve muita dedicação e sonhos construídos em torno daquilo. Lembro-me também quando atendi uma cliente que estava se relacionando havia um ano com um rapaz, estavam noivos e romperam. Toda uma construção de sonhos sobre a família que iriam formar, a entrega e confiança na relação e que iria dar certo; quando terminaram foi uma dor dilacerante para a pessoa, que por muitas vezes dizia que não era lógico sentir tanta dor, pois estavam juntos por pouco tempo. Tive que explicar a ela que não tinha a ver com o tempo juntos mas com a profundidade da conexão e entrega da parte dela que havia projetado naquele relacionamento a realização de um sonho muito grande para ela.

Por isso é importante, ao atravessar e elaborar um luto ou uma perda, que você leve em consideração todos esses fatores, pois cada luto é único e precisa ser atravessado de forma lenta, passando pelas emoções.

Complete abaixo com algo que você já ouviu e que não o apoiou muito em um momento de perda, e se isso realmente o apoiou, no sentido de dar espaço ao que você estava sentindo, ou contribuiu para que você não entrasse em contato com as emoções mais profundas:

_____

_____

_____

_____

_____

_____

_____

_____

_____

_____

_____

_____

Quero que você tome agora todo tempo que precisar para se conectar com seu interior e ler esse poema abaixo, deixando seu coração aberto ao que ele queira lhe mostrar, ok?

DEIXAR IR

Deixar ir não significa deixar de cuidar

Significa que talvez eu não possa fazer isso por ele(a)

Deixar ir não é para me desligar, me desconectar

Mas a percepção de que nem tudo eu posso controlar

Deixar ir não é permitir, mas capacitar, aprendendo de consequências naturais da vida

Deixar ir é admitir a impotência... o que significa que o resultado de muitas coisas não está em minhas mãos, independentemente do meu esforço

E, talvez, eu posso considerar que sim, eu sou bom o suficiente

Deixar ir não é tentar mudar ou culpar o outro

Mas é aproveitar o máximo do que se pode aproveitar, enquanto durar

Deixar ir não é cuidar, mas ter cuidado sobre

Deixar ir não é julgar, mas permitir que a jornada humana aconteça

Com as suas chegadas... e as suas despedidas

Deixar ir não significa querer consertar a todo custo, se culpar pelo que não foi feito, mas estar presente com a saudade que talvez o visite, por muito e muito tempo ainda

Deixar ir não é ser protetor, mas é permitir que o outro, e até as partes mais frágeis de mim mesmo, enfrentem a realidade... a realidade da vida

Deixar ir não é negar, é aceitar... aceitar com o coração, com a alma

Deixar ir não é ajustar tudo e todos aos meus próprios desejos e necessidades, mas tomar cada dia como ele vem, e aprender a me amar, e amar as minhas partes dentro de tudo isso

Deixar ir não é criticar, regular ninguém... mas ao menos tentar manter aquela chama acesa dos meus sonhos, acesa ainda dentro de mim... e me permitir tornar aquilo que eu nasci para ser... aquilo que eu posso me tornar

Deixar ir também é dar espaço ao arrependimento, pois quando nós nos arrependemos é que a nossa alma está crescendo...

É crescer. É viver para o hoje com a possibilidade de construir um novo amanhã

Deixar ir é temer menos, e amar mais... é temer menos, e amar mais...

Autor desconhecido, adaptado por Manoel Augusto Bissaco

O QUE VOCÊ SENTIU AO LER O POEMA? ALGUMAS LEMBRANÇAS O VISITARAM? VOZES E PENSAMENTOS SURGIRAM? LÁGRIMAS? O QUE ELES QUEREM LHE DIZER?

_____
_____
_____
_____
_____
_____
_____
_____

Se você estiver passando por um luto quero que você não esqueça de lembrar, e lembre de não esquecer que:

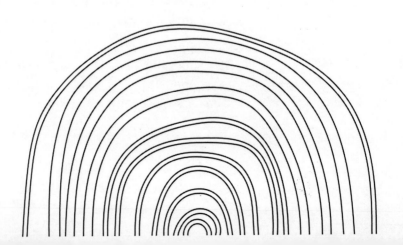

→ Cada luto é único!

→ Quando a tristeza voltar, receba com compaixão essa velha amiga!

→ Para passar pelo luto é preciso passar pelas emoções

→ Diminua a velocidade

→ Dê espaço também ao que você sente no seu corpo

→ E nunca tome uma decisão importante para a vida durante um ano ao estar elaborando um luto significativo. Isso pode ser um desastre.

Que regras você descobriu sobre a tristeza?

Vieram imagens, lembranças, ou falar de tristeza despertou outras emoções, lutos não elaborados?

_____

_____

_____

_____

_____

_____

_____

_____

Quais foram as maiores descobertas sobre essa emoção que irão ajudá-lo a se relacionar melhor com ela a partir de agora?

_____

_____

_____

_____

_____

_____

_____

_____

DÊ PERMISSÃO PARA A ALEGRIA

> "O que nos torna alegres é despertarmos para a nossa verdadeira natureza."
>
> **Eckart Tolle**

E chegamos, finalmente, ao ponto em que iremos falar sobre a alegria, outra emoção primária e essencial para a nossa sobrevivência. Você deve estar se perguntando: "Mas, Manoel, por que as pessoas precisam aprender a se relacionar melhor com a alegria, uma emoção tão positiva?". Repito: não existe emoção positiva ou negativa, mas sim expressões benéficas ou ruins das emoções.

Antes de explicar sobre como a alegria também pode ser disfuncional, que tal fazer algumas atividades que vão elevar os seus níveis de serotonina e dopamina, neurotransmissores responsáveis pela sensação de bem-estar?

Você & alegria

Pegue canetas marca-texto, lápis de cor ou gizes de cera e escreva ou desenhe uma lista de atividades, lugares e pessoas que você gosta e que lhe proporcionam alegria. Pode ocupar as duas páginas: quanto mais, melhor!

Divirta-se!

Agora, pinte do jeito que quiser essas palavras que representam manifestações de alegria:

Amor

Curiosidade

Entusiasmo

Sorriso

Diversão

Brincadeira

Compartilhar

Cantar

Comunicação

Dançar

Afeto

Leveza

Erotismo

Energia

Amizade

Prazer

Animação

A emoção da conexão

> "Viver é usar a caixa inteira
> de giz de cera."

RuPaul

É gostoso falar de alegria, né? Eu queria ser um mosquitinho para observar o seu sorriso no rosto enquanto estava fazendo os exercícios. A alegria tem a energia do vínculo, da iniciativa, do ato de compartilhar. Ao contrário da tristeza, que causa retração, introversão e isolamento, a alegria busca conexões. É uma emoção que nos induz a viver e nos conectarmos, ao contrário de outras como o medo, a raiva e a tristeza, que nos dizem: "Sobreviva!". Já a alegria sugere, entusiasmada: "Prospere, cresça e se conecte!".

A alegria tem como funções a ação construtiva, a motivação, a expansão e a afirmação de vida. A palavra vem do latim *alicer* ou *alecris*, cujo significado é "vivo" ou "animado". Quem assistiu à animação DivertidaMente, da Pixar, certamente se lembra bem do vigor e da agitação da personagem Alegria. Quando estamos alegres, somos tomados por um estado interno de vigor e agitação e por uma vontade intensa de fazer acontecer, de agir.

Não é à toa, portanto, que associamos a emoção a algo extremamente saudável, positivo e, bem, feliz. É uma emoção almejada por um número enorme de pessoas. Inclusive, há quem, se pudesse, teria a alegria como a principal – para alguns, a única – emoção da vida. Em DivertidaMente, aliás, a Alegria tenta boa parte do tempo afastar a Tristeza e ser a protagonista, entre as outras emoções, na vida e na mente da menina Riley.

Se você viu o desenho, sabe muito bem quais são as consequências disso. Assim como acontece com qualquer emoção, se nós nos deixarmos levar completamente por ela, a alegria se torna extremamente disfuncional. No estado máximo, mais intenso, a alegria toma a forma da euforia. É maravilhoso? É, mas pode ter resultados bem complicados. Quando uma pessoa está muito eufórica, ela se desconecta do que passa ao seu redor e deixa de se relacionar de verdade com os outros. A presença – no momento, na vida, nas relações – fica comprometida. Pense bem: quem está eufórico não consegue ver ou analisar os fatos, pois está 100% imerso na emoção.

É o que acontece, por exemplo, quando nos apaixonamos. Tudo é tão incrível e maravilhoso que o resto do mundo deixa de ter importância. Mas quantas decisões a gente toma num estado de euforia, de uma paixão intensa, que nos causam arrependimento depois? A euforia não só estimula regiões específicas do cérebro como "inibe" outras importantes, como o córtex pré-frontal e, por incrível que pareça, um estado de euforia é um estado de estresse, bioquimicamente falando, ou você nunca sentiu o seu coração acelerar quando estava eufórico ou se sentiu agitado antes daquele encontro especial? Dentre as várias funções do córtex pré-frontal, uma delas é a capacidade de tomada de decisões e julgamento crítico. Ou seja, ficamos à mercê da emoção.

Se isso não aconteceu com você, com toda certeza você já presenciou algo assim, aquela pessoa que bebeu além da conta e de repente estava lá fazendo coisas das quais nos próximos dias, quando voltou à sobriedade, se arrependeu. A bebida, assim como a paixão e estados de euforia, compromete a sua capacidade de ponderar sobre eventos futuros e a tomada de decisões mais assertivas. Com isso, o cérebro também fica mais ativo e nos deixa sujeitos a agir por impulso.

Um de meus amigos, por exemplo, a todo momento vem me contar, eufórico, seus projetos. Ele tem muitas ideias e vive criando novos negócios, mas acaba não concluindo nada. Suas ações são motivadas por impulsos, então dificilmente se concretizam. Não é saudável se deixar levar por uma emoção dessa forma, e essa pode ser uma sensação viciante, assim como as drogas. É óbvio que a alegria é bem-vinda, mas, passado o pico de euforia, é preciso ponderar as circunstâncias, se conectar verdadeiramente a algo (a um projeto, a uma causa ou a alguém) e fazer com que esse engajamento tenha começo, meio e fim.

> Você se permite sentir verdadeiramente a alegria?

> *"Quando as coisas começam a dar certo, eu desisto."*

Frase de um cliente em uma de minhas sessões

Muitas pessoas, quando alcançam alguma conquista importante ou experimentam um momento de plena felicidade na vida, não conseguem se sentir 100% alegres. Algumas até passam a praticar a chamada autossabotagem, um processo inconsciente no qual partes mais profundas de nós se colocam em oposição às nossas conquistas.

Esse comportamento está muito ligado às mensagens diretas e indiretas das regras, tanto as adotadas pela família de origem na infância quanto as próprias regras sobre poder ocupar o próprio lugar na vida.

Pondere a respeito das seguintes frases:

- "Tirou 10 na prova? Não fez mais do que a sua obrigação!"
- "Precisa rir tão alto?"
- "Parece idiota, tá rindo tanto de quê?"
- "Deixa de ser tão escandalosa!"
- "Não consegue parar quieto?"
- "Será que vocês não conseguem brincar em silêncio?"
- "Não demonstre a sua alegria para os outros, pois a inveja tem sono leve".

Pais que falam esses tipos de frases para as crianças provavelmente também as escutaram na infância e interpretaram, ainda que inconscientemente, que não devem manifestar a alegria. Ou melhor, aprenderam que não têm permissão para sentir a emoção em toda a sua plenitude e beleza. Na idade adulta, mesmo que não seja a intenção, acabam perpetuando a mania de reprimir a alegria ao lidar com os filhos no dia a dia.

Eu gostaria de chamar a atenção para o fato de que antes da frase ser dita já existe uma dinâmica composta de comportamentos e atitudes em si. Aqui a frase "faça o que eu falo, mas não faça o que eu faço" não costuma funcionar. O que mais importa são as atitudes e, ainda assim, isso abre espaço para as próprias interpretações das crianças.

Quando não há espaço para a expressão da alegria, o que acontece? Por mais que a pessoa queira se sentir alegre, não consegue. Ela não tem a permissão interior de sentir isso. Às vezes, as regras dos pais não envolvem diretamente as crianças, mas agregam crenças que indicam que não se deve vivenciar a emoção por completo. É o caso de crenças como "após um momento alegre sempre vem um triste" ou "o que é bom dura pouco".

Filhos de pais que tiveram uma vida muito sofrida, à base de renúncias e sacrifícios, também podem boicotar a emoção como forma de "honrar" o esforço dos pais. É como se não se sentissem dignos nem merecedores das próprias realizações, uma vez que os pais não tiveram a mesma sorte. "Se você sofreu tanto, quem sou para ser mais do que você?" Esta é uma das regras que pairam no ar e influenciam o comportamento.

VAMOS COMEÇAR A AMPLIAR A CONSCIÊNCIA PARA MUDAR A MANEIRA DE PENSAR E DE VIVENCIAR A ALEGRIA? PRIMEIRO, SE LEMBRE DOS MOMENTOS ALEGRES OU DE CONQUISTAS, LISTE-OS E ESCREVA COMO SEUS PAIS REAGIRAM A ISSO:

_____

_____

_____

_____

_____

_____

AGORA, VOLTE NOVAMENTE PARA AS SUAS CONQUISTAS E ALEGRIAS E ESCREVA COMO VOCÊ PREFERIRIA QUE ELES TIVESSEM REAGIDO A ISSO:

_____
_____
_____
_____
_____
_____
_____

Indique 5 razões para ter um relacionamento saudável com a alegria:

1) _____
2) _____
3) _____
4) _____
5) _____

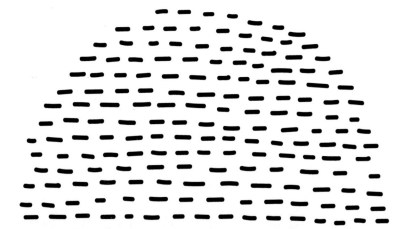

EXPRESSE POR MEIO DA ARTE A SUA ALEGRIA E ENCONTRE A MELHOR MANEI-
RA DE INTERAGIR COM ELA HOJE.

A alegria forjada

> "Desejo por sinal que você seja triste,
> Não o ano todo, mas apenas um dia.
> Mas que nesse dia descubra que o riso
> diário é bom, O riso habitual é insosso e
> o riso constante é insano."

O trecho do poema Desejo, do francês Victor Hugo (autor do célebre romance *Os Miseráveis*), mostra como a alegria excessiva e contínua tem algo de problemático na raiz. As pessoas num estado depressivo mais profundo que já atendi, pasme, trabalham no circo ou eram comediantes. A obrigação de ostentar um sorriso no rosto e se sentir bem o tempo todo não tem a ver apenas com a onda de positividade tóxica que paira nas redes sociais – e sobre a qual falarei mais no próximo capítulo –, mas também com a performance social que os outros esperam de nós. Sim, eis aí uma regra da sociedade: a alegria é para os fortes; a tristeza, para os fracos.

Pergunto: uma alegria forjada pode se tornar autêntica? Duvido muito. Estudos relacionados à Síndrome de Burnout, ou Síndrome do Esgotamento Profissional, revelam que ela acomete em incidência relevante quem precisa se relacionar com o público e apresentar bom humor o tempo todo durante o expediente – caso de comissários de bordo e vendedores, só para citar alguns exemplos.

A alegria forçada é um simulacro de emoção cuja função, consciente ou não, é mascarar ou dificultar o contato com emoções mais profundas e incômodas como a raiva e a tristeza. Também funciona como um disfarce que camufla as vulnerabilidades, como o medo da rejeição. Essa alegria forjada é disfuncional, pois nos distrai e nos leva a perder a conexão com as outras pessoas e conosco.

Tenho uma amiga que é a piadista da turma, vive às gargalhadas e sempre tem algo engraçado a dizer na ponta da língua. Eu, que a conheço bem, sei que ela tem uma extrema dificuldade em lidar com a tristeza e usa o humor como forma de compensação. No entanto, ressalto que ninguém pode estar bem o tempo todo e que as emoções que não são expressas sempre acabam encontrando um meio – nem sempre positivo – para emergirem. Identificar as regras que orientam a alegria e a emoção real por trás do fingimento é o passo ideal para se relacionar melhor com o que existe dentro de si e sentir felicidade genuína.

Uma pessoa que participou do nosso *workshop* Emocionalmente se deu conta de que sempre precisava estar feliz, pois é como se os parentes, amigos e pessoas próximas só a conhecessem assim, sempre sorrindo. Quando viam que ela não estava sorrindo e cantando eles diziam: "O que está acontecendo com você?", e ela se forçava para ter conexões sociais, sempre estar alegre, mas na experiência do *workshop* muitas lágrimas vieram ao tocar o peso que era se manter dessa maneira para as pessoas o tempo todo. É como se ela se esquecesse de quem ela era em essência e de suas próprias necessidades e, ao se aprofundar ainda mais na própria história, se deu conta de que também estava seguindo uma regra de não poder se render à tristeza, pois a vida tinha que continuar, e se lembrou da avó materna que foi deixada pelo marido e teve de cuidar de 6 filhos sozinha.

Quais estão sendo suas reflexões sobre a alegria? É tão bom saber que se pode ser alegre de forma autêntica e que todas as emoções têm seu lugar, não é?

Alegria de curto prazo

Você provavelmente conhece a sensação de comer um pedaço ou uma barra de chocolate e sentir muito bem com isso, não é? Bom, pelo menos até engolir e sentir aquela massa cremosa e saborosa descendo por sua garganta, porque o que acontece depois, acredito que você também conheça, é a culpa. Certa vez atendi uma cliente que me relatou ter ido comprar roupas em um shopping e ao se ver no espelho do provador se deu conta de que não estava com o corpo que gostaria, na verdade estava bem longe disso, e ao chegar em casa devorou duas barras de chocolate.

Parece loucura, pois muitas vezes buscamos um alívio momentâneo ou alegria de curto prazo em que nos sentimos bem por um breve momento, mas que de fato não nos traz alegria autêntica e, pior do que isso, muitas vezes se torna um vício, ou ciclos viciosos que só levam a pessoa a sentir mais dor emocional.

Pesquisas já foram feitas com atletas campeões olímpicos e ganhadores de prêmios altos em loteria, que obviamente se sentiam muito felizes com suas conquistas, porém após algum tempo voltavam aos mesmos patamares de felicidade de antes de seus ganhos. E não precisamos ir a casos tão extremos assim, pois você já vivenciou isso com o último carro que comprou, ou o último sapato, o novo emprego que queria tanto conquistar etc. Você conhece alguém com compulsão em compras? Em sexo? Acredito que você saiba onde quero chegar, não é mesmo? Não estou dizendo que você não pode ir atrás de seus sonhos e ter suas conquistas, mas quero que reflita sobre isso.

Uma pessoa que se embriaga, cheira cocaína, ou usa qualquer tipo de substância, às vezes fica muito eufórica naquele momento, pois existe uma cascata bioquímica correndo por suas veias, mas no fundo é uma pessoa triste. Em maior ou menor grau todos nós temos essas válvulas de escape em busca de alegria de curto prazo.

Assinale abaixo como você costuma se conectar à alegria de curto prazo:

- Comendo doces ou carboidratos de forma exagerada

- Fazendo compras

- Fazendo uso de substâncias (drogas, álcool etc.)

- Compulsão por sexo, ou pornografia

- Atender a eventos sociais de forma exagerada

Continue com o que você faz

-
-
-
-
-

Seguem sugestões mais saudáveis para se sentir alegre:

- Escrever uma lista com as três pessoas às quais você é mais grato em sua vida e o porquê

- Fazer exercícios físicos

- Brincar com um pet

- Esboçar um meio sorriso no rosto se lembrando de uma conquista importante em sua vida

- Listar cinco coisas em si mesmo das quais você se orgulha

Continue...

-
-
-
-
-

PARA SE ALEGRAR

Imagine que a alegria é uma emoção palpável e desenhe, aqui, o esboço de uma escultura que representa o que você imaginou. Depois responda: quem você gostaria de presentear com essa obra?

DESCOBRIU REGRAS SOBRE SE SENTIR ALEGRE?

VIERAM IMAGENS, LEMBRANÇAS, OU FALAR DE ALEGRIA DESPERTOU OUTRAS EMOÇÕES?

QUAIS SÃO SUAS CONCLUSÕES E INSIGHTS SOBRE A ALEGRIA?

EVITE AS ARMADILHAS DA ~~BURRICE~~ IGNORÂNCIA EMOCIONAL

Sei que existem diversos livros com o termo "inteligência emocional" na capa, mas tenho algumas ressalvas em relação a essa expressão. De modo geral, as sugestões para praticar a inteligência emocional têm a ver com saber lidar com as emoções ou não deixar que elas cheguem até você. Como você já deve ter percebido, o foco deste livro é justamente o oposto: acredito, embasado por anos de experiência clínica, que aprender a criar espaço com as emoções, observá-las atentamente e, sobretudo, se relacionar com elas é o jeito mais produtivo de manter a saúde emocional e mental em dia.

Quando comecei a escrever *Emocionalmente*, imaginei, num primeiro momento, que este capítulo teria o nome de "Burrice emocional". Refleti bastante e considerei que dessa forma a ideia, além de ter um viés pejorativo, não representaria bem o que quero dizer. A burrice, conforme o bom senso, está ligada à falta de inteligência e à incapacidade de resolver problemas por falta de compreensão.

A ignorância, por outro lado, significa falta de conhecimento. E é por desconhecimento de possibilidades e recursos que muita gente não se relaciona bem com as emoções ou mantém um relacionamento disfuncional com elas. E percebo que nos dias de hoje isso se acentua muito por causa da chamada positividade tóxica.

Você já deve ter se deparado nas redes sociais ou até mesmo em camisetas por aí com frases do tipo "*Good Vibes Only*", "Gratidão" e até "Gratiluz". São termos que também se converteram em *hashtags*, principalmente no Instagram, para pessoas celebrarem uma existência plena em que só energias positivas e vibrações "do bem" permeiam seus iluminados cotidianos. Questiono: quem, na vida real, consegue sentir e emanar somente boas vibrações o tempo todo?

Todo mundo passa por bons e maus dias, e não há nada mais natural do que isso. Somos humanos e sentimos emoções o tempo todo – inclusive, é possível sentir medo, raiva, tristeza e alegria em apenas 24 horas! A meu ver, o movimento *#GoodVibes* quer negar qualquer outra emoção que não seja a alegria, por ignorância. Aliás, a gratidão autêntica vem de um lugar muito profundo dentro de nós, e não é apenas da boca para fora. Já dizia um sábio: "Falar, até papagaio fala".

É claro que ser otimista gera diversos benefícios, mas negar, minimizar ou invalidar emoções como raiva e tristeza atrapalham a experiência emocional humana genuína e visceral. As redes sociais popularizaram a ideia de que é possível ter uma vida livre de sofrimento, mas a felicidade sempre foi uma imposição implícita da sociedade. Você geralmente não posta suas piores fotos ou seus momentos mais íntimos de sofrimento, muito pelo contrário. Se você pesquisar no Instagram agora, você irá encontrar um novo filtro. O que eu venho percebendo é que isso está aumentando a comparação entre as pessoas, como se elas quisessem obter aquela vida simulada dessas redes sociais, negando ainda mais as suas próprias emoções e a realidade humana.

Isso gera culpa e ansiedade em quem, do outro lado, não está bem. E vira uma bola de neve: quem se sente mal passa a se sentir pior ainda e mergulha no medo ou na tristeza, por exemplo, sem resolver o que de fato incomoda. Da mesma forma, exercícios como gritar *"Yes, Yes, Yes!"* ou repetir "Tudo vai dar certo" pode até surtir um efeito positivo, mas o resultado é momentâneo e passageiro. Após o pico de hormônios do bem-estar, a pessoa retorna ao estado mental de antes – e a questão mal resolvida por trás da emoção permanece no mesmo lugar.

Quando você se obriga a ser forte e manter o positivismo o tempo todo, você acaba se enfraquecendo pois não está olhando as emoções nem acolhendo a própria vulnerabilidade. Aceitar os fatos da vida, com todas as emoções envolvidas, é a verdadeira força.

É uma tendência, entre muitos adultos, querer substituir algo incômodo por uma atividade, pessoa ou coisa que minimize o desconforto e proporcione felicidade. Alguns acabam exagerando – lembra das estratégias de evitação das emoções? A maioria, porém, quer uma resolução imediata, mas isso não costuma funcionar em longo prazo.

Desenvolvi esse trabalho com a Helena, a menina de 8 anos que chorava o luto de sair da escola e não ver a melhor amiga todos os dias. Em algum momento, para consolá-la, a mãe disse: "Não precisa chorar, você já tem duas novas amiguinhas na escola nova. Não está sozinha." Eu interferi nesse exato momento e expliquei que ninguém substitui ninguém, a amiga antiga tinha um espaço no coração dela e as novas amigas ocupariam um outro lugar, apenas delas. "Você tem permissão para gostar de todas, cada uma de um jeito diferente. A história que você viveu com a Alice é só de vocês duas", comentei. E nesse momento lágrimas de liberação e entendimento escorreram por seu rostinho delicado.

Outra história que me tocou bastante foi a de Joana, cliente por volta dos 60 anos que tinha passado por seis cirurgias para tratar um câncer no estômago. Quando o médico propôs uma nova cirurgia, ela se recusou – e foi aí que um de seus familiares me procurou. Alguns membros da família tinham feito cursos de Inteligência Emocional e desejavam, a todo custo, que Joana mantivesse uma postura mais disposta e otimista diante da doença. Quanto mais eles forçavam isso, mais ela se sentia deprimida.

Na primeira sessão, os familiares esperavam que eu a motivasse. Constatei que ela se sentia muito mais culpada e triste com as atitudes motivacionais alheias porque não conseguia se sentir alegre. Ela se sentia triste por ter passado por tantas cirurgias e nenhuma ter surtido um resultado efetivo. Além disso, o tratamento atual fez com que ela eliminasse glúten e derivados do leite do cardápio, o que a deixou ainda mais chateada, porque ela gostava de certos alimentos. Assim, quanto mais a pressionavam para ficar otimista, mais triste ela ficava. E ninguém era capaz de entender o que de fato ela precisava naquele momento. Na sessão, ela chorou bastante e sentiu um alívio imenso por ser ouvida e, acima de tudo, compreendida. Ela foi acolhida e entendeu que dar espaço para a tristeza não era algo ruim. A tristeza precisava ocupar o seu lugar. E nesse caso também se evidencia a falta de espaço na própria família em dar espaço à tristeza e à possibilidade do luto, o que no fundo fez com que não conseguissem ouvir e estar ao lado dos sentimentos de Joana. Claro que eles a amavam, mas já vi inúmeros casos como esse em que a família não pode desfrutar de forma genuína dos últimos momentos com a pessoa amada e se despedir com dignidade. Infelizmente Joana veio a falecer.

Quero deixar muito claro que uma postura otimista frente a uma doença grave é fundamental para recuperação, mas a exclusão da realidade e da gravidade e o não alinhamento com a realidade das pessoas ao redor pode agravar o processo de dor emocional em uma pessoa que já está debilitada. Que bom que você também está aprendendo a andar pela faixa do meio :)

Pergunto: quantas pessoas não se culpam quando vivenciam estados chorosos, de depressão, desânimo ou tristeza? Muitas se cobram porque acham que a vida delas não justifica sentir tristeza. Têm bons empregos, uma casa bonita, um parceiro para compartilhar as coisas e, ainda assim, não se sentem alegres. Se você se identificou com essa situação, afirmo: está tudo bem com isso, não precisa se culpar.

Existem questões e razões mais profundas por baixo das emoções, mas as pessoas às vezes tentam analisá-las com lógica. E, claro, não encontram resposta. É como se a tristeza não tivesse justificativa, daí se cobram ainda mais e não se relacionam com as próprias emoções. Esse é um cenário bem comum, sabia?

É maravilhoso sentir gratidão por tudo aquilo que se tem na vida, mas, sim, existem emoções que estão precisando de atenção. Ter motivos para agradecer não invalida as questões mais profundas que estão causando o sentimento de tristeza, uma coisa não anula outra. Posso ter muitas bênçãos na minha vida e ainda assim me sentir triste. Não é que você não possa agradecer, apenas precisa olhar com mais carinho para aquilo que está implícito.

Antes de concluir este livro, soube que Helena estava se adaptando bem na escola nova (ela e os pais prosseguem com as sessões terapêuticas) e que tinha se encontrado com Alice para brincar em uma tarde muito gostosa.

E, para finalizar, não estou dizendo que ninguém deve usar técnicas de Inteligência Emocional reconhecidas. Meu conselho é que cada um use o bom senso para não tentar se sentir bem o tempo todo ou ficar querendo combater as emoções o tempo todo. Essas técnicas não são ruins, mas, conforme o jeito com que são utilizadas, podem causar uma obrigação ansiosa de precisar se sentir bem o tempo todo.

Uma pessoa afundada no pessimismo certamente obterá benefícios com algumas dessas práticas, mas ninguém deveria querer se sentir bem o tempo todo. Reservar algum momento do dia para dar voz e espaço às emoções é uma questão de saúde mental. É paradoxal: quanto mais você luta com as emoções, mais você terá de lutar com elas. E quanto mais você dá espaço sem se afundar ou se tornar a emoção, mais alegre de forma espontânea pode se sentir.

RECURSOS EMOCIONAIS

Experimente fazer alguns exercícios que podem ajudá-lo a se relacionar ainda mais com as suas emoções. Eu os chamo de recursos emocionais e eles podem ser úteis em diversos momentos de vida. Pratique!

Traga à lembrança um momento com cada palavra abaixo:

Aceitação

Confiança

Quietude

Serenidade

Tranquilidade

Liberdade

Bom humor

Fluidez

Conexão

Consciência

Equilíbrio

Clareza

Harmonia

Bem-estar

Alívio

Relaxamento

Plenitude

Gratidão

Maturidade

Amor

1) O que você pode fazer hoje para cuidar bem de si mesmo(a)? Escreva ou desenhe sua resposta aqui.

2) Regularmente, faça essas perguntas a você mesmo(a):

- Eu lido com uma situação difícil de vida evitando as minhas emoções ou indo de encontro às minhas necessidades e aos meus valores?

- Como posso criar um espaço saudável na minha vida e nas minhas relações interpessoais para expressar minhas emoções?

- Quais atitudes posso mudar/melhorar/investir para me relacionar melhor com minhas emoções?

- Consigo observar minhas emoções com leveza, sem me opor ou fugir delas?

- O que estou sentindo neste momento?

3) Como você pretende se relacionar com suas emoções de hoje em diante? Escreva ou desenhe sua resposta aqui.

4) Todo relacionamento saudável envolve algum tipo de comprometimento, não é mesmo? Então, firme um compromisso com as suas emoções:

- Eu me dou a permissão de...

- E isso pode me fazer bem porque...

Faça uma lista de atitudes e comportamentos em direção de pegar mais leve consigo mesmo.

_____

_____

_____

_____

_____

_____

_____

Conclusão

Agradeço muito que você tenha chegado até aqui, querido(a) leitor(a). O fato de ter se interessado pelo tema das emoções e lido as páginas que escrevi com tanto carinho me proporciona grande alegria autêntica. É sinal de que você almeja uma vida mais completa e feliz, algo a que todo mundo tem direito e merece. Todas as pessoas podem conquistar suas melhores versões, mas é preciso empenho para isso.

Eu sei bem que entrar em contato com aquilo que há de mais profundo em nós mesmos nem sempre é um processo tranquilo. Aliás, na maior parte das vezes, é bem doloroso, desagradável, incômodo. Se, em algum momento, a leitura destas páginas fez com que se sentisse desconfortável com alguma lembrança ou sensação, tudo bem. Não se culpe. Esse conflito interno faz parte da evolução.

As informações que procurei transmitir aqui foram baseadas em estudos, pesquisas científicas e nos meus atendimentos terapêuticos. Lembre-se, porém, de que nenhuma trajetória precisa ser linear. O passo principal você já deu e espero tê-lo ajudado nessa jornada. Cada pessoa tem suas próprias vivências, necessidades, metas e experiências vividas, ou seja, cada trajetória é única. Assim, espero que o conteúdo do livro tenha se adaptado a você e à sua própria história. No mais, espero que daqui por diante se relacione melhor com suas emoções e que esse aprendizado torne o seu caminho mais pleno de equilíbrio e realizações.

Um abraço carinhoso,

Manoel Augusto Bissaco

Sobre mim

Minha jornada como terapeuta teve início quando precisei olhar para a minha própria história. Fui mesatenista profissional por 18 anos e um atleta extremamente dedicado, o que se confirmava em cada clube que passei tanto no Brasil como no exterior. Minha disciplina fez com que me destacasse no esporte e me levou a competir em diversos países. A primeira atuação internacional aconteceu em Cuba, país em que estagiei por um ano. Aos 19 anos segui para a Europa, onde joguei por 7 temporadas, sendo que na última fui considerado o melhor atleta estrangeiro da categoria. Nesse mesmo período, conquistei o título de campeão brasileiro de tênis de mesa.

Mesmo com todas essas conquistas, entrei em depressão no auge da carreira. A situação foi agravada pelo estado de saúde do meu pai, que enfrentou uma arriscada cirurgia para retirada de um câncer e um difícil processo de radioterapia e quimioterapia. Na época, aos 27 anos, busquei ajuda na terapia convencional, com renomados psicólogos na área do esporte de alto rendimento, e na psiquiatria, fazendo uso de medicamentos.

Somente ao conhecer a hipnose, entretanto, pude encontrar realmente as respostas para a minha depressão. Dei-me conta, entre outras descobertas, de que não estava mais disposto a ser um atleta profissional. A partir daí, me encantei pelo processo do autoconhecimento. O afinco e a disciplina que dedicava ao esporte foram transferidos para os estudos e meu comprometimento chamou a atenção de meus professores. Acabei trabalhando com o hipnólogo que me conduziu no início, atuando como assistente em seus treinamentos de *leader training*, e paralelamente estudava PNL (Programação Neurolinguística) e Hipnose Ericksoniana. Tornei-me, então, discípulo de um treinador norte-americano de hipnose Ericksoniana, com quem aprendi muito sobre a profundidade do trabalho com traumas e a comunicação mais efetiva com o inconsciente.

Além das experiências práticas, realizei muitas formações com outros mestres ao redor do mundo. Após acumular conhecimento, decidi passar as informações adiante e, em 2011, criei minha primeira vivência terapêutica. Atualmente, proponho seis vivências que seguem minha própria metodologia, desenvolvida a partir da integração de mais de 16 abordagens terapêuticas, que se chama M.I.R.E. (Método Integrativo de Reconexão do Eu). Também realizo atendimentos individuais e ministro cursos e *workshops*, atuando como terapeuta integrativo especializado na cura de traumas e estresse pós-traumático e em constelações familiares. Sou, também, especialista em Psicologia Pré e Perinatal. Tocar no território intrauterino, aliás, mudou de maneira muito mais profunda minhas crenças limitantes e padrões disfuncionais e, claro, minhas emoções ganharam mais significado e profundidade.

Sou fundador do Núcleo Terapêutico Sinapse, no ABC Paulista, local que idealizei para ser uma ponte de cura e transformação emocional que ajuda as pessoas a compreenderem e resolverem suas dificuldades mais profundas e conflitos internos. Também costumo divulgar meu trabalho em meu canal no YouTube em vídeos que somam milhões de visualizações.

Este livro é uma versão estendida do *workshop* Emocionalmente e neste momento já estou escrevendo outros livros, sempre com a finalidade de promover a saúde mental, o equilíbrio e a harmonia.

Hoje digo com muita convicção: a cura não está nas técnicas. Elas são, sim, importantes, mas o imprescindível é aprender a criar espaço dentro de você, não somente para ouvir as suas emoções, mas também escutar o que todas as suas partes têm a lhe dizer. Na minha opinião, isso é autoconhecimento.

Com carinho, amor, respeito e saudades a você pai.